伦理诱惑视域下反腐倡廉的必要性及其治理策略研究

国家社会科学基金项目「管理者腐败形成机制及治理策略研究」（项目编号：15CGL030）和华中师范大学中央高校基本科研业务费项目（项目编号：CCNU19TD009）研究成果

文鹏　著

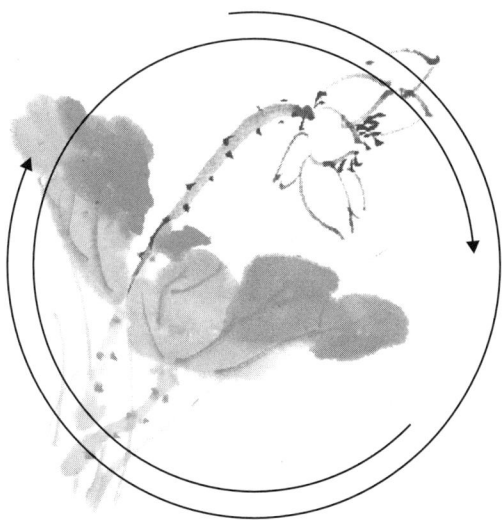

武汉大学出版社
WUHAN UNIVERSITY PRESS

图书在版编目(CIP)数据

伦理诱惑视域下反腐倡廉的必要性及其治理策略研究/文鹏著.
—武汉：武汉大学出版社,2021.10
ISBN 978-7-307-22544-2

Ⅰ.伦… Ⅱ.文… Ⅲ.反腐倡廉—研究—中国 Ⅳ.D630.9

中国版本图书馆 CIP 数据核字(2021)第 169895 号

责任编辑:聂勇军　　　责任校对:汪欣怡　　　版式设计:马　佳

出版发行:**武汉大学出版社**　　(430072　武昌　珞珈山)
(电子邮箱:cbs22@whu.edu.cn　网址:www.wdp.com.cn)
印刷:武汉中科兴业印务有限公司
开本:720×1000　1/16　印张:14　字数:206 千字　插页:2
版次:2021 年 10 月第 1 版　　2021 年 10 月第 1 次印刷
ISBN 978-7-307-22544-2　　定价:48.00 元

前　　言

　　自古以来，腐败一直是社会各个阶层所关注的话题，同时也引发了社会有识之士广泛的思考：为什么腐败会产生？采用何种措施才能减轻甚至是彻底消除腐败？尤其是党的十八大以后，以习近平同志为核心的党中央对腐败与反腐败问题给予了高度的重视。如何将一个古老的话题与新时代下的反腐倡廉工作有机结合，如何通过理论研究来观照现实，并为我国当前的反腐倡廉工作提供一些新的启示，是笔者近些年反复思考的问题，也希望通过本书的研究来提供一些有价值的答案。

　　回顾过去的反腐败理论研究与现实表现，该话题所涉及的学科与领域非常广泛，涵盖了政治学、法学、经济学、管理学、心理学等多个范畴。很显然，如果不限定研究视角，是难以对该问题进行深入和有效研究的，或者说泛泛的研究难以对理论和实践做出实质性的贡献。为此，笔者通过对过去文献的回顾，并结合自己擅长的研究背景和方向，将反腐败研究聚焦于"组织"这个环境中。组织（organization）是管理学中非常重要的一个概念，既包含了政府、事业单位等具有公共服务性质的单位，也包括私营企业等盈利的机构。尽管不同组织所具有的使命有所差异，但从组织管理学的角度看，任何组织都具有相似的特征，如社会性、正式性、层级性等。身处任何组织的管理者，他们都会被组织赋予一定的影响利益相关者的权力。他们可能会因为缺乏监督、经济诱惑、放松自我要求等因素，滥用手中的权力，进而一步步走进腐败的深渊。通过一般意义上的组织环境来透视组织管理者腐败的形成原因，将更加有利于我们深刻地认识社会环境、组织制度、个体反应等多重因素对反腐败的影响。通过关注不同管理者个体对组织环境的反应能力，也能为反腐败提供一些新的启示。

正是带着上述理论思考，笔者又进一步对现实进行了深度的观察，发现了一些有价值或值得深思的现象。例如：

——2014年山西吕梁呈现了"塌方式腐败"。在反腐调查中，当地一些基层干部说，一些煤老板过年过节会给官员送礼，并且送几万元就像"递一根烟一样"。

——从2015年开始至今，在多家民营的互联网企业中，包括阿里巴巴、京东、百度等知名企业在内的上百家机构，相继开展了内部反腐风暴，发现了多起集体腐败、生态圈（如供应链上下游）腐败的案例。企业方联合司法部门查处了数百名管理者，其中包括淘宝聚划算原总经理阎利珉、腾讯原网络媒体拓展部总监岳雨等。

——2019年9月，根据媒体曝光，尽管地产企业万达公司反腐不断，但仍有4名管理者被发现共贪污上亿元，这让"王健林怒了"。

不可否认，管理者自我的个体特征因素（如品德低下、降低对自我的要求、道德认同下降、产生从众心理等）会对他们的腐败行为产生较大的影响，但从组织管理的角度看，如果仅仅考虑上述个体特征因素的影响，是难以为"前腐后继""集体腐败"等现象提供满意的、全面的答案。在这些现象发生的背后，是否在组织设计上存在制度漏洞呢？在腐败的过程中，这些管理者有哪些心理上的变化？怎么从组织管理的角度抑制管理者滑向腐败的深渊？这些问题都为反腐败的研究提供了新的课题与方向。

为此，在国家社会科学基金项目的支持下，笔者对该课题开展了一系列的研究。结合国外的最新研究成果、国内既有的研究基础以及我国特有的文化社会现象，本书从"伦理诱惑"这个概念出发来展开研究。我们将伦理诱惑（moral seduction）定义为一种情境，在该情境的影响或诱导下，多数人可能会实施不道德或者是违法行为。本书按照心理学对概念的测量程序，对伦理诱惑进行了严格的实证测量，发现伦理诱惑包括人情文化、他人示范、领导威权与制度失效四个维度。它们是导致管理者腐败的关键情境因素。本书的基本逻辑与观点是：在伦理诱惑下，管理者可能会改变对不道德行为或腐败行为的认知，认为这些行为都是合理的或无所谓的，进而实施相关的不法行为，并逐步实施程度更深、危害更大的腐败行为。与以往的研究不同，本书充分结合了管理者、社会学、心理学等学科的知识，从相对微观的层面解释了管理者腐败形成的过程，为组织有效干预腐败、构建制度反腐机制提供一些启示。

从宏观层面来看，经过卓有成效的工作，当前我国的反腐倡廉工作已经取得了压倒性的胜利，官场生态与政商环境得到进一步的净化，一大批腐败分子也受到了应有的惩罚。然而，反腐败工作仍然任重道远，在清除掉这些腐败个体的同时，各类组织（包括公共组织与私营企业组织）的高层管理者更应该进一步思考：哪些环境因素可能会诱发管理者新的腐败呢？如何削弱这些环境因素带来的负面影响？如何通过构建更加科学的、合理的制度，来预防新腐败的发生呢？本书将尝试对上述问题予以回答，从制度反腐这个角度展开分析，以期为当前及今后的反腐败、预防腐败等工作提供有价值的借鉴。

目　　录

第一章 绪 论

第一节 研 究 背 景

随着人类社会的不断进步，各级政府、各类组织、利益相关者以及广大民众对于相关组织的规范、透明、清廉等方面提出了越来越高的要求。腐败已成为阻碍时代进步、妨碍国家发展、打破社会公平的代名词。针对那些手握重权的管理者，如何让他们正确地使用手中的权力，① 也成为人们普遍关注的话题。在当下多重背景的影响下，针对管理者腐败的理论研究与现实治理策略正逐步得到推进与深入。

一、反腐败成为国际潮流

纵观全球，世界各国几乎都已经普遍意识到，腐败对于国家经济、社会、政治生态都会造成较大的侵害，反腐败是任何政府以及所属的各类组织在日常管理工作中所关注的重要问题之一。当前，全球化竞争对各国政府、相关管理机构以及参与市场竞争的企业提出了更高的要求，尤其是对它们在透明与清廉方面的表现尤为关注。一旦此方面遭到破坏，相关的经营主体将难以获得公平的经营环境。因此，各国政府相继出台了一系列非

---

① 在本书中，"权力"并非仅仅指政府官员所拥有的公共权力，它包括影响利益相关者(股东、顾客、上下级、服务对象、上下游组织等)的所有权力。

常严格的法律与制度(如美国的《政府道德法》、德国的《反腐败法》等)来打击腐败,并广泛发动媒体、人民等各方力量实施各种监督。

此外,国际反腐合作也成为打击腐败的重要力量之一。2003年10月31日,联合国大会通过了《联合国反腐败公约》,并于2005年12月14日生效。该公约是目前唯一一份具有法律约束力的国际性法律文件,其中的许多条款带有强制性,它为国际反腐提供了制度和法律上的保障。在该公约中,其特别强调了国际反腐的合作机制,包括预防机制、定罪和执法机制、资产追回机制、履约监督机制、国际合作机制等。

国际上还有一些机构也积极参与到国际合作反腐中,其中比较著名的是总部位于德国柏林的非政府组织——透明国际组织。该组织以推动全球反腐败运动为己任,每年发布全球清廉指数(Corruption Perceptions Index),以反映全球各国商人、学者以及风险分析人员对世界各国腐败状况的感受。尽管主观感受与实际状况存在一定的差异,但该指数对于了解各国反腐成果的动态性以及反腐工作的方向性均具有一定的指导意义。

二、新形势下我国反腐败工作依然面临严峻挑战

自中华人民共和国成立,尤其是党的十八大以来,我国各类组织实施了一系列管理措施,包括:加大惩戒力度、强化思想教育、树立模范先锋等,较好地遏制住了腐败的态势,反腐败工作取得了较好的成绩。

不过,随着我国经济、社会、政治等环境的转变,近些年来我国管理者的腐败也呈现出许多新的特征。例如,过去的腐败较多是以个案形式出现的,但近年来会发生集体式腐败、塌方式腐败,后者往往伴随着较为复杂的人际或政治关系,其危害更大,发生的机理也更为复杂;以前尽管管理者贪污的程度不一,但相对来看金额不大,目前却有"小官巨贪""巨贪外逃"等现象出现,贪污金额动辄上亿元,对国家和社会造成了极坏的影响。此外,由于民营企业面临的竞争环境不断加剧以及员工素质良莠不齐,该类企业中的腐败与反腐败工作也备受关注。这些新的特征对我国的持续反腐提出了更高的要求和更大的挑战,如何应对不断出现的新形式腐

败，并从制度上进一步巩固反腐的既有成果，值得理论研究者和实践者共同思考。

三、帮助管理者识别诱惑与实现企业健康成长面临挑战

当前，无论是政府组织、非营利性组织，还是企业组织，都在提倡健康持续发展与基业长青。毫无疑问，组织管理者是影响组织持续发展的重要因素。作为组织的关键人物或代理人，管理者往往肩负着履行社会责任、促进组织发展、引导员工成长等多重使命与重任。与此同时，他们又手握大权，在日常的管理决策过程中经常会面临各种困境与诱惑。如何让这些管理者一方面做好本职工作，另一方面又能识别诱惑、明确底线进而更好、更持久地服务于组织，是一个具有重大意义的话题。

遗憾的是，无论是在既有的反腐败理论研究中，还是在实践管理中，往往相对缺乏对管理者自身的关注。譬如，尽管有学者提出责任型领导（responsible leadership）、伦理型领导（ethical leadership）等话题，并尝试从领导行为的角度阐述如何塑造这些领导风格，但对于领导者在面临现实伦理或法律困境时的心理变化过程关注较少，对于如何培训与提升领导者在面临上述困境时的决策能力也探讨得不够。这使得我们难以深刻地了解与体会管理者在面临上述处境时的真实感受与认知，由此提出的反腐败治理策略也就隔靴搔痒，难以触及腐败发生的本质。此外，从人力资本（human capital）的角度看，管理者是组织中的稀缺资源与重要资本，保护与帮助他们有利于实现组织的长远目标与持续发展，如何设置相关的制度也是当前多数组织正在面临的挑战。

第二节　研究意义

本书基于管理学、心理学等多学科的知识，对组织情境下管理者的腐败形成与治理进行了深入的探讨。本书的研究意义体现在理论和实践两个

方面，下面将对这两方面的意义予以详细阐述。

一、理论意义

1. 推动伦理诱惑的理论发展，为反腐败研究提供新的方向

本书将根植于中国本土现实，提出伦理诱惑（moral seduction）的结构维度，并开发伦理诱惑的测量量表。西方的一些管理学者与心理学家提出了伦理诱惑的概念，用于描述管理者面临的易于引发他们违规或违法的环境或情境。遗憾的是，这些学者并没有对该概念可能包含的内涵以及如何来准确度量进行深入的研究。本书在既有研究的基础上，结合中国的现实情况，对伦理诱惑这个关键概念进行了深入探讨，用以准确刻画我国管理者可能面临的各种诱惑因素。

考虑到我国与西方国家在社会、政治等多个环境因素上存在差异，因此管理者面临的伦理诱惑也可能各有不同。例如，受传统儒家文化的影响，在中国人的深层心理结构中，"面子与人情"占据着非常重要的位置（黄光国等，2004）。管理者有时可能会因为面子或人情（如，熟人求帮忙），导致他们实施一些违规行为。类似的现象在西方国家，尤其是在个体主义比较盛行的国家较为少见。探讨中国情境下伦理诱惑的内涵与结构以及开发相关的量表，有利于推动伦理诱惑研究（尤其是相关的实证研究）在我国的开展，为解释我国管理者腐败行为的形成提供新的方向。

2. 丰富对腐败形成机制的研究

探讨管理者腐败是如何形成的毫无疑问具有较强的理论价值。与以往较多关注宏观的过程不同，本书从心理学的角度，探讨管理者面临伦理诱惑时的认知变化过程，以及该过程与偏差行为和腐败的关联。从组织心理学的角度看，任何腐败行为的实施都是由个体完成，那么，这些个体为什么要实施腐败行为？特别是考虑到腐败一旦被发现，他们将面临严重的惩罚，致使他们得不偿失，他们为何仍铤而走险？腐败行为发生之前，个体

的情绪或者认知是否发生了变化？这些变化是否由伦理诱惑导致？进一步地，这些变化是否会导致偏差行为①以及腐败行为的出现？对上述过程的研究，将有利于人们进一步打开腐败形成的"黑箱"，丰富人们对腐败形成心理机制的认识，为如何治理腐败提供新思路。

3. 揭示管理者腐败形成的动态过程

"冰冻三尺，非一日之寒"，多数腐败现象的发生非一日所成。换句话说，实施腐败的那些管理者们可能并非初次腐败就被发现，或者刚担任管理者就腐败，而是可能从偏差行为逐步走向深渊。揭示这个动态过程，有利于触及腐败行为形成的本质。以往的腐败研究，较多地从横截面的角度，静态地探讨腐败的形成。严格而言，既有的多数研究仅仅探讨了影响因素与腐败的相关关系，而非因果关系。本书尝试从动态的视角，探讨管理者偏差行为向腐败衍化的过程以及伦理诱惑、团队因素与个体因素在其中可能发挥的作用。动态视角将为腐败形成的理论研究提供更加真实、完整的画面，有助于提升该领域研究的理论价值与意义。

二、实践意义

1. 识别管理者所面临的伦理诱惑，为制度反腐提供依据与参考

在现实中，无论身处何种组织，各级管理者都会面临不同程度的伦理诱惑。如果他们稍微放松警惕，就会越过道德和法律的底线，行为出现偏差，最终产生腐败行为。帮助管理者识别这些伦理诱惑有助于他们提前意识到腐败的风险，进而在今后做出合规的判断与决策。同时，从组织管理的角度看，伦理诱惑是导致管理者实施腐败的重要情境因素，组织应该从结构设计、监管制度、教育培训等多个角度出发，来消除这些伦理诱惑以

---

① 偏差行为被视为违背道德或伦理的行为，而非违法的腐败行为。从对社会的危害程度看，偏差行为较轻，腐败行为则较重。后文将对该概念给出明确的定义。

及它们对管理者的影响，进而降低管理者直接面对这些伦理诱惑的概率。这与当前我国政府强调制度反腐、"扎好制度的笼子"等思路是相似的，即从制度上予以约束，为管理者的腐败行为提供预警机制。

2. 通过探究管理者的心理机制以及从偏差行为到腐败的衍化，预防管理者腐败的发生

关注伦理诱惑下管理者的心理变化，会更有利于人们更真实地了解腐败发生的过程。通过探测这些心理活动并予以及时干预，将会较好地防止管理者进一步实施腐败行为。同时，关注偏差行为到腐败的衍化，也将为腐败甄别提供信号。考虑到偏差行为的危害较小，对该类行为的干预对于保护管理者以及遏制腐败的发生均具有较强的实践意义。换句话说，无论是关注管理者的心理过程，还是其实施的偏差行为，都有利于在实践中为预防腐败提供有价值的信号，进而为反腐倡廉提供实质性的帮助。

第三节　研究框架与内容

一、研究框架

本书采用组织管理的研究范式，[①] 借鉴多学科的理论和方法，探讨了组织管理者腐败的形成机制与治理策略。具体而言，本书将从伦理诱惑的视角出发，识别中国情境下伦理诱惑的结构维度并开发相关量表，接着系统探讨伦理诱惑对管理者认知的改变。这种认知上的改变将导致管理者实施偏差行为，并最终衍化成腐败行为。本书的研究框架如图 1-1 所示。

———————

① 组织管理的研究范式是在准确定义变量的基础上，构建它们之间的相关或因果关系，并通过探讨中介机制与调节机制来解释影响过程与边界条件。简而言之，该类研究通常会回答变量是怎么测量的、相关或因果关系是否存在、为什么存在以及在哪些情况下会存在等问题。

团队特征

团队互依性；伦理型领导

团队政治氛围；团队伦理氛围

伦理诱惑

人情文化

他人示范

领导威权

制度失效

集体道德推脱

集体偏差行为

集体腐败

自我调节资源耗竭

个体偏差行为

个体腐败

个体特征

长期/短期导向；内部/外部控制点

促进/防御型调节焦点；反思能力

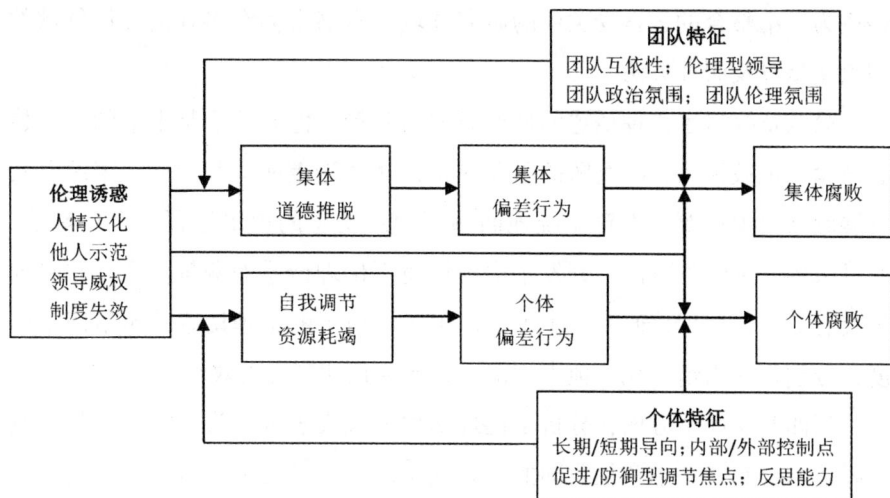

图 1-1 研究框架图

二、研究内容

本书的研究内容主要包括以下七章：

第一章为绪论，较为全面地介绍了本书研究的背景、意义、内容、方法与创新点。通过阅读本章，读者能对为什么要做这个研究、这个研究的价值如何体现以及研究的基本思路与脉络等有较为清晰的了解。本章也以示意图的形式，提供了本书的整体研究框架和技术路线图，便于读者能对本书有整体上的了解。

在第二章中，本书对与腐败相关的研究进行了文献回顾。考虑到有关腐败的研究视角较多、成果颇丰，为了突出本书的重点，在回顾文献时仍然按照组织管理研究的范式来展开，即腐败的定义、腐败的测量、腐败的影响因素、腐败与行为伦理以及腐败最新的研究热点与趋势。介绍这些内容有利于从组织管理的角度构建腐败研究的理论框架，并推动相关的实证研究。需要强调的是，本章对腐败与行为伦理的关系进行了探讨。尽管行为伦理与腐败分别属于两个不同的研究话题，但两者具有很强的关联性，并且在组织管理学中，行为伦理与腐败（behavioral ethics and corruption）已经成为一个整合的、备受关注的研究领域，本书也会在多处借鉴该领域的理论文献以及研究方法。

第三章探讨了伦理诱惑的理论研究与测量。伦理诱惑是本书的一个核心概念，也被视为影响腐败的重要因素，从理论上厘清其定义、来源以及发展脉络至关重要。本章系统地回顾了伦理诱惑的提出过程及发展现状，并且采用心理学的方法，开发了中国情境下伦理诱惑的测量量表，并验证了其有效性。根据该研究，本书提出中国情境下的伦理诱惑共包括四个维度，分别是：人情文化、他人示范、领导威权和制度失效。

第四章从四个方面，分析了伦理诱惑的现实表现。为了将理论与实践较好地融合起来，本章从我国的管理现实出发，较为全面地介绍与阐述了伦理诱惑在我国各类组织中是如何表现的，并结合一些典型的案例予以分析。通过这些分析，能让读者更加清楚地了解伦理诱惑的真实含义以及现实表现。

第五章采用实证研究的方法，检验了伦理诱惑对管理者偏差行为的影响机制。本章首先对偏差行为的主要文献进行了回顾，并在此基础上提出了相关的理论假设。接着，采用问卷调查的方式收集数据，并对数据予以整理分析。分析结果表明，在集体(团队)层面上，伦理诱惑会通过集体道德推脱的调节来影响集体偏差行为；在个体层面上，伦理诱惑则会通过个体自我调节资源耗竭的中介机制影响个体偏差行为。这些结果验证了伦理诱惑对个体认知与偏差行为的影响。

第六章从理论上系统地分析了管理者偏差行为向腐败衍化的过程。多数腐败并非突发的行为，而是一个渐进的过程。通过该章的分析，人们能更加清晰地认识到腐败发生的动态形成机制。本章立足于伦理行为领域的斜坡效应(the slippery slope effect)，对该理论的经典文献研究进行了回顾。接着，从认知、情绪以及动机三条路径，分析了为什么管理者偏差行为会衍化为腐败行为。其中，认知路径包括道德认同、道德推脱与自我效能感，情绪路径包括愧疚、满足与焦虑，动机路径则包括物质追求、心理不平衡与爱慕虚荣。本章还分析了上述衍化过程中可能存在哪些调节变量与边界条件，它们包括三个层面的因素：社会及组织因素即为伦理诱惑，团队因素包括任务互依性、伦理型领导、团队政治氛围与团队伦理氛围，个体因素则包括长期/短期导向、促进/防御型焦点调节、内部/外部控制点以及反思能力。这些分析为读者完整地刻画了管理者偏差行为向腐败衍化的过程。

第七章是反腐败治理具体策略研究。结合本书前文的研究内容，本章从五个方面给出了反腐败的治理策略，它们分别是：破除人情腐败、降低他人示范的不良影响、减弱领导威权的负面效应、预防与矫正制度失效以及对腐败的防微杜渐。为了让治理策略更加具有操作性，具体分析时还注重根据内容区分不同的实施主体，如社会或政府、组织、管理者主体。这些策略既关注了对管理者偏差行为产生的因素，也探讨了对腐败动态形成过程的影响。

第四节　研究方法与技术路线

一、研究方法

本书综合使用了组织管理研究领域常用的方法，并且将研究方法与研究内容较好地予以契合，这些方法主要包括以下四种。

1. 文献分析法

文献分析法是通过对既有文献的梳理与分析，指出现有研究的不足，进而提炼出新的研究思路与框架。该方法也为本书的理论假设或命题的提出提供了依据。文献研究有利于了解本领域的研究重点与发展趋势，具体到本书中，无论是有关反腐败的理论研究，还是伦理诱惑、行为伦理以及偏差行为与腐败的关系等文献，本书都对它们进行了全面的、系统的整理，并进行剖析与评价，有针对性地提出了新的研究方向。在采用该方法时，本书特别注重从历史发展的角度来梳理相关的文献，以便让读者对每个研究领域的历史脉络有更清楚的认识。

2. 案例研究法

案例研究法是选择一个或若干个场景与案例，通过深入剖析案例的实际情况，进而佐证研究的论点或者得出一般性的规律。由于腐败是一个极具现实性的话题，本书列举并分析典型的实践案例，通过这些案例来更好地挖掘腐败的形成机制及治理策略。例如，在研究领导威权对腐败的影响时，本书以武钢原董事长邓崎琳带头腐败为案例，通过对媒体资料的分析与加工，向读者呈现了一个典型的伦理诱惑情境案例。在选择案例时，本书也充分考虑到了案例的多样性与适用性，以增强案例的说服力。

3. 问卷调查法

问卷调查法是组织管理领域实证研究的常用方法之一。为了更准确地检验变量之间的关系，本书对我国多个组织的管理者进行了匿名的问卷调查，通过分析他们的回答，进一步证实本书提出的若干假设。考虑到样本来源的多样性以及样本的真实性，问卷调查法的外部效度性较为可靠。不过，在具体调查时，由于腐败较为敏感，管理者可能不会准确告之相关的数据，这会导致研究的失效。在本书中，我们主要在检验伦理诱惑对偏差行为产生的影响(即第五章)时使用该方法，以保证研究的有效性，偏差行为的既有研究也已经表明问卷调查法是一种成熟的方法。此外，在开发伦理诱惑量表时，本书也大量使用了问卷调查法，以便不断净化测量题项，提升量表的质量。

4. 访谈法

访谈法是指采用结构化或非结构化的形式，站在相对独立的角度，与被访谈对象进行1对1或是1对多的交流。该方法能让研究者获得更多的细节性信息，为构建研究模型提出原始的资料。实际上，在本书撰写之前以及实施过程中，作者对身边大量的管理者以及员工进行过访谈，访谈的核心话题主要包括：腐败现象仍然还存在吗？导致腐败发生的诱因有哪些？如何在当前的环境下，进一步巩固反腐败的成果？尤其是在开发伦理诱惑的测量量表时，该概念的大部分现实测量题项均来源于访谈法，这些访谈为本书获得第一手资料提供了帮助。

二、技术路线

本书紧紧围绕"伦理诱惑与管理者腐败行为"这个话题展开，重点关注了伦理诱惑的测量、伦理诱惑对管理者偏差行为的影响机制、偏差行为向腐败行为的衍化过程以及基于此的腐败治理策略。

本书的技术路线如图 1-2 所示。

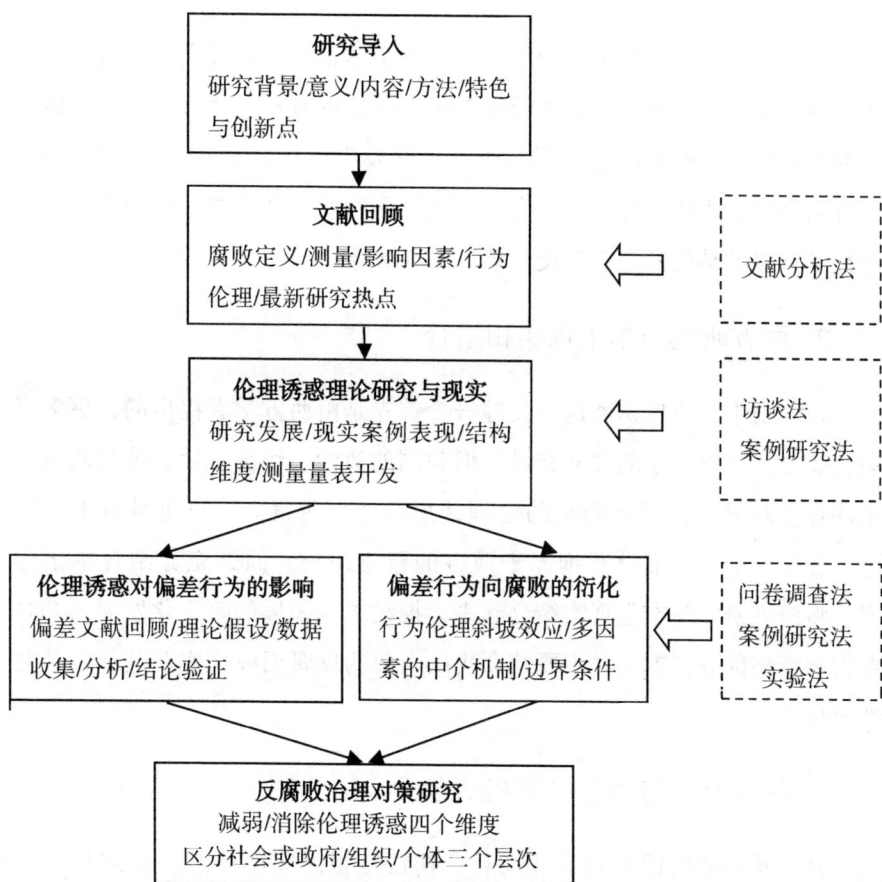

图 1-2　研究技术路线图

第五节 研究特色与创新

一、研究特色

本书的研究特色主要体现为以下四个"结合"。

1. 理论与实践相结合

在实践中，由于腐败给国家、组织及个体都会带来较大的危害，因此该行为备受关注，也成为各级管理者亟须解决的顽疾，并且，随着经济社会的不断变迁，腐败的表现形式也在不断发生变化。本书以实践为基础，充分结合当前腐败理论以及行为伦理理论研究的最新成果，将理论与实践进行了有机的结合，为破解反腐顽疾提供指导。

2. 西方研究与本土现实相结合

在本书中，伦理诱惑这一关键概念首先是由西方学者提出的，更多指向企业之间可能发生的关联交易。但我国的政治、经济、社会等与西方国家均存在差异，管理者面临的伦理诱惑可能更为复杂，也更具有本土特色。在研究中，本书没有拘泥于西方的概念研究，而是充分结合本土因素，将西方研究与本土现实结合起来，推动了该领域的跨文化发展，并且在管理策略部分，本书也主要结合我国当前的反腐倡廉现实对其予以针对性分析。

3. 静态研究与动态研究相结合

腐败既与某些因素具有相关性，构成变量之间的静态关系或相关关系，同时，它也会随着时间的变化而变化，即形成一个动态的过程。本书充分考虑了上述两种情形，将静态研究与动态研究予以结合，以便于全面考察反腐败的治理机制。

4. 个体层面与团队层面相结合

在现实中，个体腐败与集体腐败两种形式都会存在，两者的形成机制可能也会存在差异。倘若仅仅只是关注其中一种腐败形式，将难以完整地刻画腐败的表现以及形成原因，其研究价值也会大打折扣。因此，在本书中，我们将个体与集体的腐败结合起来，全面考察伦理诱惑影响下两个层面腐败的形成过程。

二、研究创新

本书的研究创新体现在以下四个方面。

1. 从组织管理视角研究腐败

在既有的研究成果中，腐败并非一个陌生的话题。实际上，过去学者们分别从政治学、法学、经济学、社会学等多个学科视角对该问题进行了探讨。然而，这些研究却忽略了任何的腐败行为都是真实地发生于各类组织中，并且对实施主体——管理者个体或者团队——的关注也不够。当前，组织管理学科方兴未艾，正成为解释个体或集体行为决策的良好视角。本书创造性地将组织管理与腐败结合起来，将腐败置身于组织的情境中，并综合运用了组织管理领域中的多个理论，期望为反腐败的理论研究与现实治理提供新的启示与帮助。

2. 探究伦理诱惑的结构维度以及测量方式

尽管伦理诱惑的概念、定义及内涵在过去的西方研究中已经存在，但如何使其在中国情境下予以体现却是研究的空白。本书基于现有理论研究与现实，开创性地探究伦理诱惑的结构维度，并开发出成熟的测量量表。具体而言，本书将首先收集伦理诱惑的初始测量条目（items），进而通过探索性因子分析不断净化，最终通过验证性因子分析形成稳定的测量量表。

该项工作具有较强的原创性，对于推动相关领域的实证研究也具有较大的价值。

3. 从有限道德(bounded ethicality)理论的角度探讨腐败的形成原因

与传统的经济理性假设不同，有限道德理论强调，个体可能会失去道德判断标准，出现道德上的认知偏差，进而做出非理性的道德决策。该理论强调，个体的认知会因为环境的影响而发生变化。这正好为构建伦理诱惑与腐败的关系提供了较好的解释机制，具有较强的新意。该研究视角重视微观认知过程，通过干预这些微观过程，为治理腐败提供新的启示。

4. 从斜坡效应的角度探讨偏差行为向腐败行为的转变

过去的腐败研究较多地考察了变量因素之间的静态或相关关系。与以往不同，本书并没有直接探讨伦理诱惑与腐败的关系，而是借鉴行为伦理研究领域的斜坡效应，通过构建伦理诱惑——偏差行为——腐败之间的动态关系，创新性地刻画了腐败行为形成的动态过程。这将进一步推动反腐败的动态研究，并为如何预防腐败提供新的方法。

【参考文献】

[1]黄光国. 中国人的权力游戏[M]. 台北：巨流图书公司，1998：7-55.

[2]Moore D A, Tetlock P E, Tanlu L, et al. Conflicts of interest and the case of auditor independence: Moral seduction and strategic issue cycling[J]. *Academy of Management Review*, 2006, 31(1): 10-29.

[3]Pinto J, Leana C R. Corrupt organizations or organizations of corrupt individuals? Two types of organization-level corruption [J]. *Academy of Management Review*, 2008, 33(3): 685-709.

第二章　文献回顾与述评

第一节　腐败的定义

关于腐败的定义众说纷纭，由于各国之间不同的政治因素影响，至今未能形成统一的、公认的定义。国际货币基金组织(International Monetary Fund)将腐败定义为"滥用公共权力以谋取私人的利益"。透明国际组织将腐败定义为"公共部门中官员的行为，无论是从事政治事务的官员，还是从事行政管理事务的官员，他们通过错误地使用公众委托给他们的权力，使他们或亲近于他们的人不正当地、非法地富裕起来"。世界银行(World Bank)及其他一些多边组织将腐败定义为"为私人目的而滥用公共权力"。

腐败不仅仅指政府腐败，还包含企业等营利性组织的腐败。从经济学角度来看，企业腐败的实质是权力寻租，与企业内部的权力配置紧密相关，所以企业腐败的主体大多为管理层。企业腐败通常表现为企业等商业组织与利益相关者之间的非法资源交换。也有学者关注了管理层腐败，该概念与企业腐败紧密相关但又容易混淆。透明国际(2008)将管理层腐败界定为高管滥用控制权谋取私利的行为，其形式多种多样，例如收受贿赂、抽取回扣、私自转移企业资产、挪用企业资金、职务侵占、奢靡消费、获取高额薪酬、构建商业帝国等。企业高管是企业腐败的关键驱动因素，企业腐败通常由管理层实施(Zahra 等，2005；张玮倩，方军雄，2016；马普秀，曾军和王艺超，2018)。两者的差异在于企业腐败是部分或完全代表着组织，最初动机是谋求政府帮助或其他便利，最终使企业受益；而管理层腐败的最初动机是管理层个人谋取私利，甚至不惜以牺牲企业利益为代价。

国内外将管理层腐败按照不同的表现形式进行多种分类。根据腐败行为主体的性质和数量，可以将腐败区分为个体腐败和群体腐败(何增科，2003；文鹏，2016)，个人腐败往往出于一己私利，而群体腐败的目的是为了谋取集团利益。考虑到是否存在权钱交换，可将腐败划分为交易型腐败和非交易型腐败两类(黄群慧，2006)。根据管理层实施腐败行为时是否有第三方参与，可将管理层腐败划分为内部腐败和合谋腐败两类(Hirsch，Watson，2009)。根据寻租活动是否被相关法律条例禁止，可以将腐败划分为合规型腐败和违规型腐败两类(Osuji，2011)。根据企业高管实施腐败的行为方式，可将其划分为违反法律或监管条例的显性腐败和通过隐蔽途径实施的隐性腐败(徐细雄，2012)。

尽管学者们对于腐败的界定存在差异，并且根据研究的需要对腐败进行了进一步的划分，但腐败的界定不可过于泛化，否则将难以实施较为科学的研究。正如李燕凌、吴松江和胡扬名(2011)在腐败研究的综述中提到的，学者们不应该受少数媒体的影响，将一些社会丑恶现象(如政治迫害、经济侵占等)都纳入腐败中，明确腐败的边界对于学术研究至关重要。

结合既有研究以及本书的研究目的与对象，我们将腐败定义为管理者为了私利而滥用手中权力的行为。首先，该定义明确指出了实施的主体是管理者。从组织管理的角度看，管理者的出现是工作分工的必然结果，它与技术人员、生产人员等都是组织中重要的组成部分。同时，作为组织的代理人，各级管理者都会拥有一定的权力来影响其管理范围的成员以及其他的相关者。正因为如此，本书中的管理者并没有严格区分他们的级别。换句话说，任何层级的管理者，只要他们拥有了权力，都有产生腐败的可能。其次，该定义强调管理者是为了私利。腐败包括个体和集体两个层面，此处的私利既有可能是为了自己单个人的利益，也有可能是为了集团的利益。实际上，在本书的后面章节中，我们既研究了个体腐败的形成，也探讨了集体腐败的成因。最后，定义中强调了对权力的滥用。此处中的权力是指影响所有利益相关者（stakeholder）的权力，而非仅仅是政府组织所涉及的公共权力。公共组织中所涉及的权力更多指行使国家权力，其影响主要指向其服务的公民。本书中的权力影响范围更广，除了公共组织外，还包括其他组织类型。以企业组织为例，倘若某个高管收受供应商的回扣而采购低劣原材料，其结果将影响到顾客、员工、股东等诸多利益相关者。

第二节　腐败的测量

在研究腐败这一话题时，如何准确测量腐败的程度是众多研究者面临的难题，腐败测量也成为人们认识腐败的重要手段。腐败的隐蔽特性给测量带来了很多障碍，这就要求我们寻找合适且有效的评估方法。目前学术界对腐败的测量方法大致分为两大类，即主观测量法和客观测量法。

一、主观测量法

主观测量法是指通过调查被试者的主观感受或者观察被试者的行为来测量腐败，前者属于问卷调查法，后者属于实验法。下面将对这两种方法的研究现状予以回顾，并对该方法的优缺点进行评价。

1. 问卷调查法

问卷调查法中的测量指标是基于调查对象的主观感受而设置的，国际上有许多组织都设置了相关的测量指数，如表 2-1 所示。

表 2-1　与腐败相关的主观测量指数

指数发布机构	指数名称	指数简要说明
透明国际组织	行贿指数（Bribe Payers Index，BPI） 全球清廉指数（Corruption Perception Index，CPI）	由商人、学者、公民等报告各国政府的腐败情况
瑞士洛桑管理发展学院	世界竞争力年鉴	对国家或地区的经济运行、政府效率、企业效率与基础设施、社会系统进行评价
世界银行	世界商业环境调查	了解企业对于其经营中有关商业环境的看法
普华永道	不透明指数	用于对政府财政透明度的评价
世界经济论坛	全球竞争力报告	对全球国家竞争力（包括基础条件、效能提升和创新成熟度）进行评价

　　上述指数通过对利益相关者的调查，根据他们的主观评价得出结果，其测量的可行性较高，调查取样较为方便；同时，这些指数构建了多个维度的指标，能在一定程度上综合反映某国腐败的大趋势。这种做法也启发我国一些地方政府机构运用适合当地情况的方法来展开测量。以"廉洁广州"为例，该指数主要从政治、文化、市场、公平社会、城区建设这五个维度来构建评价体系，其思路与上述国际测量指标体系类似（穗纪宣，汤南，2012）。

　　从学者研究来看，主观测量法能更好地洞察个体对于腐败的感知，进而更深入地研究个体形成腐败感知以及其作用结果的心理过程。最近也有不少学者采纳该类方法来测量腐败。李辉、呼和那日松和唐敏（2015）通过构建一个多层模型，检验了民主、主观经济评价与腐败感知的关系。在测量亚洲国家人民对于腐败的感知时，他们采用了两道题项来测量腐败感知，包括：你认为腐败和贿赂在地方政府中的蔓延程度如何？你认为腐败和贿赂在中央政府中的蔓延程度如何？让回答者选择四种程度，分别是：几乎不、较少人、大多数人以及几乎所有人腐败。他们的研究进一步证实了"腐败宽恕"理论，即当人们对于未来经济有更好的预期时，他们往往对腐败有更强的宽恕。此外，民主会增强人们的"宽恕"。邓雪琳、孙宗锋（2018）检验了宏观层面的经济绩效与政府规模对个体层面腐败感知差异的影响。他们采取了多个腐败感知测量指标，通过因子分析法，将其归类为政府一把手腐败、党政系统腐败以及普通公务员腐败三类。该研究进一步证实了绩效合法性理论的观点，即地级城市的经济发展水平与个体腐败感知之间存在 U 形关系。当经济发展水平较低以及较高（提升空间有限）时，人们不接受经济绩效的合法性，进而会有较高的腐败感知；当经济发展水平由低向中发展时，人们会更加认可政府的经济绩效合法性，进而产生较低的腐败感知。最近，Tomo、Todisco 和 Mangia（2019）也采用主观法测量腐败感知，研究了情境变量与个体特征变量对高校学生腐败感知的影响。

尽管主观测量法逐渐受到学者们的重视，但是该方法也存在许多的局限性，主要包括：

（1）被调查个体的道德容忍度以及认知水平的差别，会导致他们对腐败的感知有偏差。道德容忍度反映了个体对于不道德行为的接纳程度，针对特定的一起腐败案件，有些被调查个体会持有相对宽容的态度，有的却极度痛恨，进而导致他们在对腐败程度判断时会给予不同的分数。此外，不同个体对于"腐败"和"反腐败"两者差异的认知不一。有些人会简单地将曝光的腐败案件数量与社会的腐败程度挂钩起来，认为前者数量多则腐败盛行，此类认识具有较强的偏差。我们需要将反腐败与腐败这两个理念区分开来，不能用反腐败绩效水平直接反映社会的腐败程度。反腐败正好为减少腐败提供了有效的途径。

（2）由于腐败行为具有较强的负面性与私密性，部分的被调查对象会对此类调查具有较强的警惕性，因此不愿分享其腐败经历，进而导致测量失真。

（3）被调查个体的身份会影响有效测量。不同身份的人，对于腐败的真实报告程度是各不相同的，尤其是对于那些有过腐败经历的人，可能会更加回避这个话题。正如 Knutsen（2010）在谈到民主测量时指出，在确定测量对象时，若测量对象是商业人士或政府官员，那就不能算是有效民主测量。

（4）指数的精确度有待提高。以腐败感知指数为例，虽然它采用百位量表以及小数点后保留一位小数这种计算方法，但0.1的变动仍会导致大幅度的排位变化。同时，基于主观测量法下的数据变动所蕴涵的意义也是模糊的，0.1的数据变动所代表的腐败程度波动无法给研究者带来直观的感受。

2. 实验法

正是考虑到问卷调查法存在上述弊端，有学者开始尝试采用实验法来测量腐败。实验法和问卷调查法都属于主观测量法，不过实验法更侧重于通过对模拟情境下个体行为的表现来进行评价。张韦和石婧（2013）指出，基于实验法的腐败研究主要体现在两个方面：一方面是物质激励型反腐败政策，具体包括惩罚机制、薪资待遇以及监督机制，这些机制具有很高的强制性。如 Abbink、Irlenbusch 和 Renner（2002）在早期的研究中，关注的就是惩罚机制对腐败选择的影响。另一方面是非物质激励型反腐败政策，这些政策主要采用引导的方式来产生影响。例如，Salmon 和 Serra（2017）从文化和社会判断的角度，采用实验法对腐败的形成进行了探讨。谭旭运、梁媛和顾子贝（2016）指出，腐败的心理与行为在不同文化之间具有特异性，从文化视角去解读腐败有利于人们更好地认识到腐败的本质。他们提倡将博弈范式的实验研究法视为未来的主要方法之一。

随着反腐败研究的不断深入，实验法也涉及各个细分领域，进而持续推进反腐败理论的发展。例如，魏子晗、詹雪梅和孙晓敏（2015）招募了155名大学生，在实验室情境下对腐败行为的动态发展轨迹进行了研究。以往的研究较多地关注了静态的或者是一次性的腐败，该研究的研究者们却发现，腐败行为的发展趋势呈现三种不同类型，分别是"一般腐败者"

"腐败沦陷者"和"清廉者"，分别对应着中等程度、较高程度和轻度的腐败。其中，感知的风险概率会影响初始腐败，感知的风险可控性则影响初始腐败和腐败发展程度。

采用实验法来进行反腐败研究具有如下优势：

（1）作为结果变量的腐败选择易于观察。腐败作为一种典型的负面行为，在现实中是难以观察到的，即便是在问卷调查中，被调查者也会因为多种顾虑而报告虚假的数值。但在实验情境下，研究者可以直接观察出被试者的行为选择（选择腐败 vs 选择不腐败），这种明确的选择有利于研究者做出更加准确的判断。

（2）作为自变量的反腐政策可比较。实验法一般是采用情境操纵的方式来设置反腐政策，在高低两种情境下，采用方差分析等方法分别去检验被试者的反应。这就为直接比较反腐政策的效果提供了很好的机会。

（3）更有利于检验变量之间的因果关系。通过实验操作，研究者能观察先期情境对后期行为选择的影响。这为检验变量的因果关系而非相关关系提供了条件。实验法的研究能更好地考察自变量对结果变量的影响。

（4）研究的实施成本相对低廉。实验法的实施成本几乎可以忽略不计，其研究成本一般主要体现在对被试者的招募上，被试者的构成则主要是学生群体或者是相对方便取样的群体。因此，相对于使用大量的问卷调查，实验室的实施成本较低。

当然，采用实验法来研究腐败也具有一定的局限性。由于实验法是在模拟的情境中开展的，被试者的选择不会受到较多社会因素的干扰，这导致实验研究的结果具有一定的适用局限性，能否推广到其他情境（如真实的社会情境中）还有待检验。

二、客观测量法

相较于主观测量法，客观测量法数据来源更广泛，不受主观感知影响，是一种相对客观和真实的测量方法。客观数据的来源以及对象有多元化发展趋势。客观测量法中的数据来源可再被细分为以下四种：纪检机关相关报告、法律定罪率、新闻媒体报道和研究机构调研数据(杨云成，2015)。研究者常用的观测指标通常是被通报的腐败案件数量。不过，实际上被曝光的案件可能仅仅只是实际发生的案件中的一部分，并不能准确反应腐败程度。有学者通过腐败黑数①和案件查处率来反推实际腐败数量，这两项指标通常是由研究者主观推测得来的(倪星，王立京，2003)。研究我国国内反腐败现状，可收集我国反腐败的官方机构，如政府内监察机关、人民检察院、各级人民法院等披露的数据，相较于其他非官方组织，这些组织的数据更加客观准确。但这些数据仍然会受腐败黑数的影响，同时研究者在运用这些数据时会忽略这些数据的时效性，即查处曝光的案件大多是过去的案件，从发现到曝光需要花费较长时间。此时，一般需要从三个同方向的数据即"数额、次数、潜伏期"来估计腐败。

当前腐败以及反腐领域的研究颇多，各国学者选择的观测切入点也十分独特新颖，尤其以研究企业组织腐败更为丰富。例如，Cai 等(2011)研究了公司的腐败以及与公司绩效的关系。在研究中，他们采用公司常见的食宿与差旅费(Entertainment and Travel Costs，ETC)来探测可能发生的腐败。这些费用就包括给政府的行贿以及与客户、供应商等构建关系资本的费用和超额在职消费。由于有发票的客观数据存在，这些费用易于收集，因此能为发现腐败提供间接的证据。You 和 Nie(2017)则通过企业与政府接触需投入的时间(以天数为单位)来衡量腐败。他们的基本判断是，当一家企业不得不花更多的时间去与政府打交道时，这暗含着企业遇到了更多的行政障碍，此时腐败发生的概率更大。通过这种测量方法，该研究发现企业从事腐败活动的决策与纵向因素(过去自身的腐败经历)和横向因素(其他企业的腐败现象)密切相关。与此相类似，赵璨、朱锦余和曹伟(2013)根据我国上市公司的经验数据，研究了产权性质、高管薪酬与高管腐败的关系。在测量腐败时，研究者采用公司是否被曝出腐败行为和在职

---

① 胡鞍钢、过勇(2002)指出，"腐败黑数"是指确已发生但由于各种原因未被发现，或虽经调查但未惩处，因而没有计算到腐败案件统计中的腐败公务员数量占所有腐败公务员总数的比例。

超额消费来分别度量高管的显性腐败和隐性腐败。此外，也有学者提出差值估计法，即通过腐败发生前后某一指标的测量值之差来评估腐败程度，如物品实际征收的海关税值和平均税值的差额所体现的关税流失来反映腐败。从这些研究来看，客观测量法为间接地测量腐败提供了真实的、易获得数据，可信性进一步增强。

实际上，无论是主观测量法，还是客观测量法，它们都具有不可规避的缺陷和各自独具的优势。主观测量法直接反映了个体的行为与心理，有真实的一面，但由于个体的感受与表现往往会受到很多外在因素的干扰，导致测量结果失真。客观测量法则更着眼于准确的数据，但是数据更多是腐败程度的间接体现。在实践中，为了更准确全面地测量腐败，笔者建议将两种测量法结合起来，相互支持与引证，以构成更为合理的腐败测量体系。最近，也有学者正在尝试将主观测量法与客观测量法相结合。例如，过勇和宋伟（2016）构建了主观和客观相结合的腐败测量指标体系，该体系由三个级别构成，第一个级别有 3 个维度，分别是腐败状况、反腐败绩效和腐败风险；第二级指标有 18 个方面，如腐败印象（主观）、腐败变化（主观+客观）、反腐败投入（客观）等；第三级指标有 68 个方面。例如，在衡量腐败变化时，有两个具体的指标，分别是"与 3 年前相比所在地区腐败状况的变化情况（主观/效果）"和"纪检监察机关接受信访举报数量的变化率（客观/结果）"。该测量体系较好地融合了主观和客观指标，能为理论研究和实践工作提供全面和准确的测量工具。

第三节　腐败的影响因素

为什么腐败会产生呢？它有哪些影响因素呢？通过多学科的研究，学者们对该问题提供了答案。综合而言，腐败的影响因素主要包括社会文化影响因素、组织制度影响因素以及微观个体影响因素。识别这些因素，能为人们更好地认识腐败的形成原因以及有效地治理腐败提供参考依据。

一、社会文化影响因素

社会文化是一个国家或民族的人民经过长时间发展而形成的，它对于指导与约束人们的日常生活具有较强的影响力。中华民族经过五千年的历史发展，形成了一些特有的文化特征。在这些文化特征中，一些文化元素会营造腐败的环境，进而给反腐败带来一定的挑战。下面主要从三类文化元素中予以展开。

1. 关系、人情文化与腐败

关系与人情文化构成了中国人重要的生存与生活方式，也为本土情境下的人际互动、工作决策提供了一定的准则与标准（杨中芳，彭泗清，1999）。不可否认，该类文化为营造和谐的人际关系奠定了基础，但也易于让人们混淆公私的边界，进而为了"圈内人"、回报他人而实施腐败行为。正如柯珠军和岳磊（2014）所指出的，中国的很多腐败体现在"人情往来"中，人情的义务性会替代制度的规范性，进而导致腐败的加剧。正是受此类传统文化的影响，人们会进一步产生新的腐败文化，错误地认为腐败是普遍的，甚至不认为腐败是违法的行为（任建明，胡光飞，2018）。

最近的研究推进了人们对于人情文化与腐败关系的认识。例如，费定舟和刘意（2018）采用问卷调查的方式，检验了人情对个体腐败意图的影响。他们将人情划分为三个维度，分别是情感、资源与规范。研究发现，人情的资源维度与腐败意愿正相关，另外两个维度与腐败意愿的关系不显著。这是因为，将人情作为资源的个体，会将人情放在公平法则之上，进而请求资源拥有者对自己在资源分配上予以优待，此时导致自己在类似的情境下实施腐败的意愿增强。该研究表明，人情文化对腐败的影响，并非基于与他人的情感以及社会的规范，而更多是出于资源与利益的考虑。该结论能进一步丰富人们对于人情文化与腐败关系的认识，今后还需要加强类似的实证研究。

2. 高权力距离文化与腐败

根据 Hofstede 的研究，衡量一个国家的文化价值观主要有五个维度，分别是权力距离、集体/个体主义、男性/女性导向、长期/短期导向以及不确定规避（Hofstede，1984，1990）。学者们过去比较关注高权力距离以及集体主义文化与腐败的关联。

权力距离（power distance）反映了个体对于权力不公平的容忍程度。Hofstede 认为，中国是一个高权力距离文化的国家，这会导致中国人对权力有更特殊的认识，譬如会特别强调权力的影响力。既有研究也发现，持有高权力距离文化价值观的下属会更容易跟随领导者（Kirkman et al，2009）。尽管权力距离这个概念是由西方学者提出的，但其内涵与中国传统的官本位文化有较强的联系。历史上的中国较长时间处于封建王朝以及皇权统治时期，集权制的管理让官本位文化有了滋生的土壤。官本位文化强调官员的身份以及权力的影响力，这与权力距离的实质是不谋而合的。

学者们的研究证实了高权力距离文化与腐败的关联。例如，孙敬良和梅海（2015）以 178 个国家为研究样本，基于透明国际、世界银行等调查数据，发现国家文化与腐败存在较强的关联性。其中，权力距离文化越高，腐败现象越严重。相似地，饶育蕾等（2017）利用全球 62 个国家和地区的"感知清廉"指数以及 Hofstede 的"权力距离"文化价值观数据进行实证研究，发现权力距离对腐败程度存在显著的正向影响。他们还提出，之所以存在这种正向关系，一方面是因为权力距离会导致资源向上层集中，出现资源的不均衡与稀缺，进而导致腐败的发生；另一方面，高权力距离会带来更加不平等的地位，让监督更加困难，导致腐败的发生。雷震等（2016）检验了社会身份与腐败的关系。他们通过实验研究，比较了多个参与人框架下腐败行为的差异性。实验结果发现，"官员—百姓"框架的腐败率比一般的"参与人 A—参与人 B"的框架显著提高。这也证实了官本位思想可能会导致腐败的增加。

3. 集体主义文化与腐败

与权力距离一样，集体主义文化也被视为国家文化价值观的重要维度之一。在集体主义文化价值观的影响下，个体之间的相互关联度较高，对团队内与团队外有明确的区分。个体被鼓励融合团队或集体活动中，集体利益会被放置于个体利益之上。

一些研究已经证实，集体主义文化越高时，越容易导致腐败的产生。例如，孙敬良和梅海（2015）发现，在集体主义文化高的国家，个人对于腐败的受损感也下降，导致腐败容忍度增加，进而增强权力拥有者实施腐败的可能性。Seleim 和 Bontis（2009）采用国家层面的数据发现，集体主义文化价值观与腐败是正相关的。Zheng 等（2013）以银行业为研究对象，发现集体主义文化国家的个体有更强的人际关系自我构建以及排他主义的趋向，导致该国家的银行工作人员与客户有更强的互动，进而更可能产生借贷的腐败。

二、组织制度影响因素

由于任何管理者都是嵌入到组织情境中的，那么腐败现象的发生也与组织制度因素密不可分。此处的组织不仅仅包括公共组织，而且还包括私营部门的企业组织。从现有文献数量来看，关于企业管理层腐败的研究尤为丰富，且呈现爆发性增长的趋势。

1. 权力安排与腐败

正如英国思想家阿克顿所言，"绝对的权力导致绝对的腐败"。权力，尤其是不受监督的权力会加大腐败发生的概率。因此，习近平总书记提出，要"把权力关进制度的笼子"，这也成为当下反腐实践的新思路。

公共组织中权力与腐败的关系是一个较为成熟的话题。王世谊（2014）对权力腐败的多维本质、显著特征及其成因进行了分析。他认为，腐败总是与公共权力密切相关，组织应该加强对权力的制约与监督。裴圣军

(2015)指出，权力腐败在本质上是权力拥有者对劳动阶层合法权利的一种不道德侵犯。为了减少腐败，组织应从构建制度伦理的角度出发。夏德峰和任亚青(2018)关注了农村的"微权力"，发现由于基层组织缺乏对农村一把手的监管，他们滥用手中的权力，导致腐败案件频发。概括而言，当公共组织的权力被不当使用或缺乏监管时，腐败就会产生。

近些年，学者们对企业组织权力安排与腐败进行了大量的探讨。在企业组织中，管理层可以通过操纵控制权进行寻租，获取超额薪酬(王克敏，王志超，2007)。管理层的权力致使管理者发生奢靡在职消费，以及为建立和维持私人关系，管理者通过实施关联交易进行权力寻租，甚至实施赤裸裸的贪污受贿等犯罪行为(徐细雄，刘星，2013)。具体而言，学者们发现，两职合一、CEO兼职、CEO任期、董事会规模、股权分散度均与高管腐败正相关(赵璨，杨德明和曹伟，2015)，管理层权力与管理层腐败显著正相关(周美华，林斌和林东杰，2016)，管理层权力越大越倾向谋取超额的薪酬(权小锋，吴世农和文芳，2010)。除此之外，公司的股权结构也会导致权力的转移。董事会以及监事会具有监督和控制职责，但那种"一股独大"或是"独立董事"的治理结构会加重企业中的腐败现象。

企业高管的腐败也是一种代理权的腐败。委托人和经营人的信息不对称，即两者利益发生了冲突或仅仅只是不一致，都将导致腐败发生。管理层权力膨胀往往是在公司缺乏内部控制的情况下产生的。信息透明度低、高管权力过大以及监管力度不够是导致企业高管腐败的三个主要原因(Yalamov，Belev，2011)。事实证明企业内控制度越完善，实施腐败的机会越少，内部控制的实施能够约束管理层谋取私利行为(卢锐，柳建华和许宁，2011)。大量实证分析表明，公司治理水平显著影响企业高管腐败行为(Wu，2005)。因此，加强组织制度建设是治理腐败的当务之急(万广华，吴一平，2012)。

2. 组织结构与腐败

该方面的研究主要体现在企业组织领域。企业高管腐败的发生与组织结构的混乱、内部治理制度的脆弱有着直接联系(Hirsch, Watson, 2010)。企业内部组织对于管理层腐败的影响在于一个混乱的组织结构会造成权力配置失衡,从而导致管理者权力集中,易滋生腐败。因此,组织结构不合理是产生"问题高管"的根本原因(周瑜胜,2012)。优化企业控制权配置、改善公司治理结构、提高经理人市场竞争度可以有效抑制高管腐败(杨德明,赵璨,2014)。Jancsics(2014)对组织结构与领导者腐败的关系进行了总结,发现庞大的组织规模、充足的冗余资源、复杂的组织结构、远离监管的工作活动、频繁的客户互动、较低的股息支付、以薪酬和奖金形式支付较高的高管薪酬等都会导致腐败的发生。

3. 组织文化与腐败

文化对组织内成员的行为会造成较大的影响。良好的文化能引导成员实施积极的、规范的行为,而偏差的文化则会让成员倾向于破坏规则、实施腐败。现实中多个案例表明,当某一个区域或者组织系统内的文化有问题时,官员们会很容易迷失自我,通过模仿、攀比等手段实施个体腐败以及通过合作、共谋等方式实施集体腐败。在对企业管理的研究中,企业管理层腐败也同样与企业文化息息相关。扭曲的企业文化与商业伦理环境会对企业高管腐败产生重要影响(Levendis, Waters, 2009)。不健康的企业文化是腐败滋生的温床,这种道德观的缺失会在企业根深蒂固,导致管理层腐败现象频频发生。

三、微观个体影响因素

相对而言,关注腐败者个体特征的研究较少。从相关的文献来看,与腐败相关的微观个体因素一般包括两个方面:与道德相关的特质以及自身的管理或领导行为。例如,当个体是高马基雅维利主义者、道德认同较低或道德成熟度较低时,更容易实施不道德甚至是腐败行为。在领导行为方面,有一些特定的领导风格(如伦理型领导)会对腐败产生影响。

以企业组织中的腐败研究为例，学者们发现影响腐败的个体因素主要有管理层的道德水平和领导风格两个要素。企业高管的腐败行为是企业管理层道德水平低下的集中体现。如果管理者本身信奉拜金主义、享乐主义和极端利己主义，或者管理者个体道德认知水平较低，他们往往难以抵制金钱、名誉等物质或非物质利益的侵蚀（徐细雄，刘星，2013）。还有一些客观存在的认知能力的限制，比如无法识别情境中的道德本质、惯常发生的系统性认知偏差、背离道德标准的倾向等（张三保，张志学和陈小鹏，2016）。另外，领导风格也是影响管理层腐败的关键因素。Tourish 等（2005）通过对安然公司的案例进行分析，发现魅力型领导风格会通过营造绝对服从、压制分歧的企业文化的方式来为自己的腐败创造机会。Pearce 等（2008）通过构建企业高管腐败与领导风格之间的概念模型，提出了 CEO 道德水平及其做出决定的责任感与管理层腐败负相关。

第四节　腐败与行为伦理

行为伦理（behavioral ethics）关注组织内伦理行为的形成与作用。该研究在过去几十年里取得了快速的发展。从广义上看，腐败行为可归属于非伦理行为，因此行为伦理的研究成果也有助于人们更好地认识腐败与反腐败行为。

一、行为伦理的起源与发展

根据学者文鹏和王仁志（2018）的观点，行为伦理的既有研究大致可分为两个阶段。在第一个阶段，学者们主要探究伦理决策问题，我们称之为行为伦理研究的启蒙阶段，其目的是帮助人们更好地认识伦理决策的过程。在第二个阶段，学者们重点关注个体（包括领导者、员工等）伦理或非伦理行为的形成与影响，本书称之为行为伦理领域的发展阶段。

1. 行为伦理领域的启蒙

在启蒙阶段，人们对于有关伦理的决策过程还比较模糊，如何清晰地认识该过程的发生机制是学者们关注的焦点。在该阶段，有两个较为经典的研究。第一个是 Trevino(1986)的研究。这是该领域有学者首次系统地阐述伦理决策的构成。根据作者的观点，人们在面对伦理困境时，会进行道德①上的认知，进而导致非伦理行为的产生。在道德认知与非伦理行为之间，会存在个体与情境变量的交互。个体调节变量包括：自我强度、控制点等；情境调节因素包括：直接工作环境、组织文化、工作特征等。Trevino 正是基于个体与情境交互的角度，探讨了个体是怎么形成伦理决策的。

第二个是 Jones(1991)的分析研究，作者提出了伦理决策的权变模型。作者认为，一个完整的伦理决策应该从伦理意识开始，依次经过伦理判断、伦理意愿，直至伦理行为。Jones 进一步指出，伦理决策的过程与事件的伦理强度(moral intensity)有密切的关系。

这些研究的特点较为突出，即从过程论的角度探究个体在面临伦理困境时是如何做出伦理决策的。尽管这些研究都只是以理论分析的形式展开，但它们无不加深了人们对伦理决策的理解。这种研究方式对于反腐败的研究也同样适用。如果我们将腐败视为一种偏离社会规范更加严重的非伦理行为，那么，在面临腐败诱惑时，个体是否也会产生以上的决策过程呢？哪些因素会影响这些决策过程呢？这些问题值得在今后的研究中予以探讨。

2. 行为伦理领域的发展

2001 年之后，行为伦理研究进入快速发展阶段。从现实的角度看，美

---

① 　与该领域以往的研究类似，本书中的"伦理"与"道德"被视为同一个概念，它们均强调了社会(或组织)的准则与规范。

国著名能源巨头安然公司的财务造假事件引发了理论界和实践界的思考。学者们从多个领域推动了行为伦理的发展。例如，Brown 等（2005）学者开创性提出了伦理型领导（ethical leadership）这个概念，既丰富了领导风格的研究内容，又提醒人们需要从伦理道德的维度来审视领导者是否优秀。此外，Kish-Gephart 等（2010）对个体的非伦理行为进行了综述，以更加清晰的方式展示了个体非伦理行为的概念以及影响因素。

在该阶段，研究者关注的重点主要体现在三个方面：第一，怎样科学地测量领导者与个体的伦理风格或行为，为此，一些关键的概念量表得以开发，进而推动了该领域的实证研究；第二，领导者与个体的伦理表现是如何形成的，或者说，会存在哪些具体的影响因素；第三，领导者与个体的伦理表现会带来怎样的结果。这些研究为人们更加准确和深入地理解领导者与个体的伦理关系提供了启示与帮助。

二、行为伦理的核心话题以及与腐败的关联

1. 个体行为与腐败

研究个体的非伦理行为是行为伦理领域的核心内容之一。非伦理行为是指组织成员实施的违背更广泛社会规范的行为。从狭义的违规程度上看，非伦理行为只是违背了社会道德标准，而并非如腐败一样触犯了法律。也就是说，非伦理行为与腐败行为存在比较清晰的区分界限，即是否违法。不过，从行为动态发展的角度上看，一个人在实施腐败行为之前，往往是由于其实施了多次的非伦理行为。非伦理行为是影响腐败行为的关键因素之一。本书也正是基于该观点，在后续章节建立了偏差行为（可视为非伦理行为）向腐败行为衍化的过程机制，从而构建了伦理诱惑的完整影响链条。

在最近有关个体非伦理行为的研究中，学者们开始关注一个很有趣却容易被忽略的现象，即高创造性的个体会实施非伦理行为吗？如果前者对后者有影响，是否意味着高创造性个体也会实施腐败行为呢？该类研究的

结论对于我国今后预防诸如高知识群体腐败会有较强的借鉴意义。学者们的观点基本是一致的，即在一定的边界条件下，个体的创造性与非伦理行为是存在关联的。例如，Mai、Ellis 和 Welsh（2015）基于特征激动理论发现，高创造性的个体只有在外部因素刺激的情况下，才会导致其实施非伦理行为。Keem 等（2018）发现，对于道德认同度较高的个体，其高创造性的特征一方面会削弱个体进行道德推脱（moral disengagement），进而减少实施非伦理行为的可能性；另一方面它也会增强个体的道德想象力，进而同样减少非伦理行为。也就是说，高道德认同的创造性个体不太可能实施非伦理行为。

2. 领导风格与腐败

在该类研究中，学者们主要关注与伦理、社会责任等主题相关的领导风格或行为，比较典型的两类领导风格分别是伦理型领导和责任型领导，由于腐败实施者往往是各个组织或团队的领导者，关注他们的领导风格与腐败的关系具有较强的现实意义与理论价值。

（1）伦理型领导。根据 Brown 等（2005）的研究，伦理型领导包含两个方面：一方面是伦理的个体，即领导者自身有较高的伦理标准；另一方面是伦理的领导者，他们会通过奖励与惩罚来引导下属实施伦理行为。既有研究表明，伦理型领导有助于在企业（团队）内营造伦理文化与氛围，减少非伦理行为，并增强积极的主动行为（Bedi，Alpaslan，Green，2016）。尽管尚未有研究探讨伦理型领导与腐败的直接关系，但行为伦理的相关研究也为两者之间的关系提供了间接的证据。由于伦理型领导有较强的伦理意识，他们会更倾向于减少偏离社会规范的行为，因此实施腐败的可能性会较少。未来的研究可以采用实证的方法来检验两者之间的直接关系，以及其中的作用机制。

（2）责任型领导。责任型领导（responsible leadership）是指领导者会平衡不同利益相关者的诉求，这类领导者会表现出更强的社会责任与更高的伦理标准。文鹏、夏玲和陈诚(2016)的研究发现,伦理型领导会将责任感传递给下属,减少下属的非伦理行为并增强他们对组织内错误行为或现象的揭露意愿。责任型领导会追求组织更加长远和持久的发展,会摒弃那些破坏企业健康发展的短视行为与违法行为。因此,责任型领导不太会实施腐败行为。未来的研究可检验两者之间的直接关系以及其中的作用机制。

3. 理论基础与腐败

在行为伦理的研究中,学者们基于多种理论对领导者与个体的伦理表现进行了解释。这些理论基础也为进一步解释组织中的腐败现象提供了视角。

(1)社会认知理论。社会认知理论(social cognitive theory)强调个体在实施非伦理行为之前的认知加工过程。认知的对象是多元的,既有对伦理行为本身的认知(如道德推脱),也有对自身道德标准的认知(如道德认同),还有对组织的认知(如组织认同)。基于社会认知的伦理行为研究认为,个体进行伦理决策时会进行理性的分析与思考。换言之,此时个体实施非伦理行为是他们进行主动认知加工后的选择。

尽管社会认知理论在既有研究中占据了较重要的位置,但也有研究者尝试挑战其地位。例如,Welsh 和 Ordonez(2014)通过研究发现,人们不依赖于社会认知这个过程,而是在潜意识的影响下进行伦理决策。当前,潜意识流派与社会认知流派都已得到学者们的认可。具体到反腐败研究领域中,社会认知为解释腐败的发生提供了较好的理论基础。在实施腐败之前,这些个体会实施自我说服与认知重构。

(2)社会学习理论。社会学习理论(social learning theory)的核心思想是个体会通过观察与模仿来实施与他人相类似的行为。社会学习理论被广泛运用于行为伦理的研究中。这是因为,对于焦点个体而言,其领导者的风格或行为(如伦理型领导)以及同事的行为会通过观察与学习的方式来影响个体实施类似行为。

在领导者—部属的关系中，行为伦理中的"上行下效"效应(也被称为涓滴效应)即为社会学习机制的体现。该效应指出，当上级实施非伦理行为后，由于其身份的特殊性，很容易成为下属的模仿对象，进而下属也会产生类似的行为。在同事影响中，文鹏和陈诚(2016)的研究就发现，同事的非伦理行为会导致"近墨者黑"效应的产生，进而导致焦点个体也会实施非伦理行为。这些研究都证实了行为伦理领域中的社会学习过程。

社会学习理论对腐败现象有较强的解释机制。实际上，无论是个体腐败还是集体腐败，他人的示范作用对于腐败的形成都起到了重要的作用。当身处一个较为恶劣的政治生态环境中时，周围的人可能都在不同程度地实施腐败行为，这会给该焦点个体实施模仿行为提供大量的机会。

(3)社会交换理论。社会交换理论(social exchange theory)强调交换双方的互惠法则。当交换的一方积极对待另一方时，另一方则会以同样的方式来回报对方。社会交换理论可以解释在组织情境下或领导—部属情境下个体的伦理决策过程。倘若组织实施的是一种积极的策略，或者领导者与下属构建了良好的关系(如高质量的领导—成员交换关系)，这会让下属心存感激，并通过实施积极的行为或减少消极行为(如非伦理行为)来回报组织或领导者，并且，既有研究发现(Umphress，Bingham，Mitchell，2010；Chen，Chen，Sheldon，2016)，员工可能还会为了组织的利益而实施非伦理行为，即亲组织非伦理行为。社会交换为亲组织非伦理行为的产生提供了非常有力的解释。

实际上，社会交换的观点为治理非伦理行为以及反腐败提供了新的思路。在中国社会，人情因素往往在管理决策中扮演着较为重要的角色，其本质就是社会交换互惠法则的体现。在本书中，人情文化被视为导致腐败产生的伦理诱惑因素之一，具体的内容将在后面的篇章中予以详细展开。从管理策略的角度看，在承认人情文化的影响下，引导权力拥有者进行正确的社会交换可成为治理腐败的新思路。

第五节　腐败的最新研究热点与趋势

作为一个经典的研究话题，腐败历来备受学者们关注。随着时代环境的不断变化以及科学研究水平的不断提升，有关腐败的研究也呈现出新的趋势与特点。综合而言，最新的腐败研究更加倾向于从具体化、微观化、科学化、情境化等角度来予以推进，相关的研究成果也推动了我国治理腐败水平的提高。

一、腐败研究的具体化

随着腐败研究的不断深入，学者们并不满足于仅仅关注"腐败"这个相对宽泛的概念，而是开始探讨一些具体的腐败形式，这些腐败形式既具有现实解释性，也丰富了对于腐败的认知。本书将主要介绍当前比较受关注的三种具体腐败形式。

1. 微腐败

2016 年，习近平总书记在党的十八届中纪委六次全会上，首次提出了"微腐败"这个概念。微腐败一般是指权力拥有者利用权力在"小"事上谋取私人利益的行为。从该定义中不难看出，与巨腐、大贪等相比，微腐败是一种违法或违规程度较轻的腐败。余雅洁和陈文权（2018）为微腐败确定了明确的金额，即涉及金额在人民币 3 万元以下。尽管微腐败偏离规范的程度较轻，但其对于权力的正常使用以及对社会的正常运转都会带来较大的障碍，并且，由于微腐败具有更强的隐蔽性，这会给发现并治理腐败工作带来挑战。

那么，微腐败为什么会产生呢？其原因是多方面的。例如，缺乏更严、更细的监管制度，会导致公权拥有者钻空子，导致微腐败的产生。李明（2017）在对农村基层微腐败研究时发现，基层民主监督不到位，会给村干部实施微腐败提供很多的机会。学者卜万红(2017)则提出,微腐败与基层的政治文化相关。作者特别提到,诸如"圈子文化"、特权思想、资源分配的"差序格局"等,都会导致微腐败的产生。针对这些原因,对于微腐败的治理需要从多个角度着手,包括监督、制度建设、文化建设以及薪酬激励(余雅洁,陈文权,2018)。首先,在监督方面,应该建立更加全面的监督体系,并通过互联网、大数据等先进手段更好地识别微腐败;其次,在制度建设方面,需要针对微腐败建立更加明确的惩罚与约束机制;在文化建设方面,需塑造良好的政治文化并加强日常的培训教育;最后,在薪酬激励方面,可适当提高基层管理者的待遇,通过物质激励的方式来减少微腐败。

从现有文献数量来看,有关微腐败的研究才刚刚起步,该领域还有很多值得探讨的话题。例如,与巨腐、大贪等相比,微腐败具有怎样独特的影响因素呢?是否有某种特质的人(如高马基雅维利主义者)就更倾向于实施微腐败?管理者会不会更容易说服自己实施微腐败呢?在自我说服的过程中,个体实施了哪些认知上的加工?公众对于微腐败会形成怎样独特的反应?尽管既有研究提出了一些治理微腐败的策略,但这些策略是否有效,这些话题都还有待今后开展更加深入的研究。

2. 集体腐败

如果说微腐败是从程度上来予以区分,那么,集体腐败则是从腐败实施者的角度来划分的。集体腐败是指一群人通过合作的方式滥用权力谋取私利的行为。与个体腐败相比,集体腐败对组织和社会将造成更大的危害(马光远,刘强,2018),并且,由于在实施集体腐败的过程中存在明显的合作与共谋行为,是一种有计划的、主动实施的腐败行为,因此它对于政治生态的破坏尤为强烈。

那么,集体腐败是如何形成的呢?它与个体腐败的形成会存在差异吗?学者文鹏(2016)以深圳海关腐败窝案等为例,对该话题进行了较为系统的阐述。他认为,集体腐败是一个社会互动的过程,这种不良的社会互动会分为三个阶段，分别是：①"害群之马"（初始化阶段）。集体腐败往往起源于某个个体的偏差，该个体会给团队内其他人带来较强的负面学习效应，当个体的社会地位越高时，这种负面影响会越大。②"近墨者黑"（社会化阶段）。在关键个体的影响下，那些当初仍处于观望状态的成员会持有从众心理，进而逐渐实施类似的腐败行为。③"众人皆醉"（制度化阶段）。随着越来越多的个体加入到腐败过程中，大家对于腐败的违法本质产生了错误的认识，导致腐败的合理化，进而成为团队的潜规则。针对集体腐败的社会互动本质，应该对腐败"零容忍"、建立健康的文化和氛围等干预策略（文鹏，2016）。

针对集体腐败这个主题，也存在许多值得探讨的话题。譬如，如何采用定量的方法来测量集体腐败的程度？哪些关键的因素会导致集体腐败的产生，是领导者（如一把手）、组织文化还是制度漏洞？在实施集体腐败的过程中，个体除了对腐败认知的改变之外，是否还存在其他重要的机制？如何采取更有效的策略来预防或者阻断集体腐败的发生？这些有待学者们的进一步研究。

3. 家族式腐败

家族式腐败也是近些年备受关注的一个话题。家族式腐败是指权力行使者及其家族成员为了谋求家族利益而滥用权力的行为。家族式腐败常常表现出贪腐亲兄弟、寻租父子兵等突出现象（丁远朋，2016）。家族成员加入会让腐败涉及的面更广，同时由于在权力使用时夹杂着私人感情与关系，这导致家族式腐败对制度的破坏更为严重。

学者们对家族式腐败的成因进行了探讨。其中，传统文化因素会促使家族式腐败的形成。中国人有很强的家庭与家族观念，并比较重视血缘或姻亲关系。建立在这种关系上的合作属于差序格局的内圈，它会更为持久，并更值得信赖（何旗，2019）。但同时，由于家族成员之间形成了利益共同体，这导致他们也更容易为了获得集体利益而出现腐败现象。同时，权力拥有者的思想退化也是导致家族式腐败的一个重要原因（郁熠铭，

2018）。他们将私人领域的感情与公共领域的权力混为一谈，对权力的边界缺乏清晰的认识。当然，家族式腐败的出现也与监管的缺失、制度的漏洞等密不可分。针对家族式腐败这种特殊现象，将家风建设与党风建设结合起来是很有必要的，具体工作中应分清私情与公权的边界。此外，诸如加强监管、实施回避制度等都能在一定程度上减少家族式腐败的发生。

家族式腐败不同于个体式、独狼式腐败，未来可就如下话题展开讨论：家族式腐败如何测量？能否采用心理学的方法开发其测量量表？家族式腐败的关键发起人是谁？这个人具有哪些特征或行为呢？家族成员之间是如何相互劝说进而实施家族式腐败的？作为拥有权力的核心家族成员，应该如何防御并减少家族式腐败的发生？

二、腐败研究的微观化

既有的研究更偏向于从宏观的制度层面来研究腐败，相对缺乏对腐败发生过程中个体或集体微观心理机制的探讨。随着心理学在多个学科的应用，尤其是行为公共管理学的快速发展，导致微观化的腐败研究成为当前的热点（张书维，2018；代涛涛，陈志霞，2019；Grimmelikhuijsen et al，2017）。该类研究充分发挥心理学在个体情绪、认知、动机、行为等多方面的研究，深入探讨腐败的形成与作用机制，为更加科学合理地制定腐败治理策略奠定基础。下面将对三个关键的心理要素予以介绍并分析其在反腐败研究中可能发挥的作用。

1. 情绪

情绪（emotion）是影响行为的一个重要前因变量。一般而言，情绪可划分为积极情绪（如高兴、乐观、共情等）与消极情绪（如悲伤、气愤、仇恨等）。尽管情绪具有短暂性、突发性等特点，但是它对于行为的影响却较大。由于消极情绪更容易让人们陷入自暴自弃的非理性状态，它更易于导致个体腐败的发生。在最近相关的理论研究中，学者们主要关注由道德事件、现象等引发的情绪，即道德情绪（moral emotion）（Abraham，Suleeman，Takwin，2018）。例如，Smith Crowe 和 Warren（2014）提出，在集体腐败的蔓延过程中，与自我相关的道德情绪（愧疚、自责、尴尬以及骄傲）会影响集体腐败的发生，而与他人相关的道德情绪（生气、谴责）对集体腐败没有影响。

未来可继续深入探讨情绪与腐败的关系。例如，为什么负面情绪会促进腐败发生？其作用机制是什么？积极情绪是否也能导致腐败的发生呢？譬如，一个过于乐观的人，可能对于腐败监管力度有较低的估计，导致其存在侥幸心理，进而实施腐败行为。此外，每个人的情绪都会波动与变化，那么，怎样通过外部的有效干预来削弱情绪对腐败的影响？这些话题都值得未来进一步研究。

2. 认知

认知（cognition）是个体心理活动中的重要变量，也与腐败密切相关。最常见的腐败收益—成本分析框架，就与个体的认知密切相关。最近的腐败研究会关注一些与道德、腐败密切相关的认知活动。例如，道德推脱是一个常见的认知变量，反映了个体对实施不道德行为寻找借口与托辞的倾向性。Zhao、Zhang 和 Xu（2019）通过多个研究发现，个体感知的描述性规范会增强个人的道德推脱，进而提升他们的腐败意愿。当个体呈现高道德推脱的认知模式时，他们会对腐败进行合理化解释，进而实施相关行为。

认知是个体理性认识事物的过程，相对于情绪而言，改变个体的认知具有更大的难度。这也会对今后探讨认知与腐败的关系，尤其是通过改变认知来削弱腐败提出了更大的挑战。未来值得研究的话题包括：通过哪些外部干预，来减弱可能会带来的腐败认知（如道德推脱）？哪些因素会更有利于削弱认知与腐败的关系？自身的腐败行为会继而又影响其认知吗？

3. 动机

动机（motivation）是个体导向具体目标过程中的驱动力。动机与腐败有密切关系。较早的研究较多地关注外在动机（如薪酬奖励）以及内在动机对腐败的影响。近些年，学者们主要探讨哪些积极的动机因素会减少腐败的发生。以最近广受关注的两个与动机相关的概念为例。第一个是使命感（calling）。使命感反映出个体对工作意义本身的重视与追求。高使命感的个体会更看重工作给自身带来的内在价值与满足感，这将有助于削弱个体的腐败行为。当前，在我国的公共组织内，"不忘初心，牢记使命"的主题教育活动广泛开展，其理论基础与使命感的相关研究不无关系（Zhang，Santos，2019）。第二个是公共服务动机（public service motivation）。公共服务动机强的个体，会更看重对公众利益的满足，并尽可能地提升公共服务的质量（刘帮成，2015）。这类人在行使权力时，会较少为了私利而实施腐败行为。

考虑到动机是一个相对宽泛的概念，未来还可就动机与腐败的关系进行更加深入的讨论。譬如，存在哪些更有效的措施，来提升管理者的内在动机，进而削弱腐败行为？不同的个体在与腐败相关的动机中存在哪些差异？在动机因素中，哪个动机与腐败行为的关联最大？如何整合情绪、认知与动机对腐败的影响？

三、反腐败研究的情境化

以往的反腐败研究较少考虑腐败发生以及反腐败的特殊情境，但随着研究的深入，腐败研究情境化也逐渐得到重视。本书将主要分析两种情境化的腐败研究。

1. 互联网情境下的腐败研究

随着互联网技术的不断发展，人们通过该渠道实施权力监督与反腐败的可行性也在不断增加。从定义上看，网络反腐是指通过网络信息技术所引起的社会舆论效应，对执政行为的监督和对权力的约束（万蓉，2015）。与线下反腐不同，网络反腐具有更高的便利性、广泛性以及低成本性。如中纪委为了落实"反四风"的监督活动，设置了网络监督平台，举报者只需要通过自己的手机拍照，然后随手上传到网络平台上即可。这种监督方式为公众反腐提供了易操作的方式，增强了对反腐的参与程度，并拓宽了公民参政议政的渠道（郑华萍，朱伟，2018）。

作为一种新情境下的反腐，互联网反腐也存在一些问题。譬如，网民具有盲从性，可能会在从众心理的影响下对网络上的负面新闻产生过度的反应；此外，网民法律意识淡薄，对举报处理不好会侵犯官员的个人隐私。学者们建议，应该从多个角度出发来完善互联网情境下的反腐工作。例如，黄威威（2016）提出，反腐工作应该实现从"+互联网"向"互联网+"的转变，前者更多强调互联网的工具性，后者则关注与互联网的融合，并体现出反腐的新思路。安菲（2016）则认为应该进一步净化网络反腐环境，为有效的反腐提供条件。总之，互联网情境下的反腐为腐败研究提供了新的情境与思路，未来可继续推进该领域的理论研究，并对如下话题展开更深入的讨论：网络反腐会给公众带来怎样的心理影响？是更安全，还是更不安全？针对哪些腐败类型，可以实施网络反腐？如何规避网络反腐中存在的弊端与不足？

2. 民营企业的反腐败研究

在既有的反腐败研究中，多数研究者将腐败与反腐败的情境设置在公共组织（尤其是政府组织）中。实际上，在私人的商业领域中，民营企业的腐败现象也屡见不鲜。例如，阿里巴巴的淘宝"店小二"收受商家贿赂，随意篡改客户评价；啤酒公司销售员与供应商勾结，谋取不当得利，等等。尽管这些现象是发生在微观组织内的，但它仍然能破坏整个商业环境。

学者文鹏（2015）对民营企业的反腐进行了系统的探讨，并提出未来应该通过反腐来增强这些企业的竞争力。当腐败在民营企业内部出现时，它实际上是为非法获利、走捷径提供了新的渠道，这会导致企业不愿意在原创性、基础性工作中实施投入，从长远来看会损害公司的核心竞争力。作为一个有别于传统情境的研究，民营企业情境下的反腐败研究还存在较大的发展空间。例如，能否将民营企业的反腐败纳入到日常的管理活动中来？该情境下的反腐败是如何促进企业提升创造力的？存在哪些边界条件？反腐败对于哪些民营企业会更有效？在当前政商环境仍待优化的大环境下，民营企业老板该怎样更好地引导员工的规范行为？

【参考文献】

[1]安菲.互联网时代下我国网络廉政反腐的反思[J].江西广播电视大学学报，2016，18(2)：49-53.

[2]卜万红."微腐败"滋生的政治文化根源及治理对策[J].河南社会科学，2017(6)：63-69.

[3]代涛涛，陈志霞.行为公共管理研究中的实验方法：类型与应用[J].公共行政评论，2019(6)：166-203.

[4]邓雪琳，孙宗锋.经济绩效、政府规模与腐败感知差异——基于全国77个地级市的调查[J].中国行政管理，2018(2)：101-108.

[5]丁远朋.家族式腐败分析：内涵、要素和类型[J].党政论坛，2016(1)：45-47.

[6]费定舟，刘意.权力的游戏——中国文化中的人情对腐败意图的影响[J].心理学探新，2018(6)：534-538.

[7]过勇，宋伟.腐败测量：基于腐败、反腐败与风险的视角[J].公共行政评论，2016，9(3)：73-88.

[8]何旗.差序格局视角下家族式腐败的成因与治理探察[J].广州大学学报(社会科学版)，2019，18(6)：71-77.

[9]何增科.中国转型期腐败和反腐败问题研究(上篇)[J].经济社会体制比较，2003(1)：19-29.

[10]何增科.中国转型期腐败和反腐败问题研究(下篇)[J].经济社会体制比较，2003(2)：40-44.

[11]黄群慧.管理腐败新特征与国有企业改革新阶段[J].中国工业经济，2016(11)：52-59.

［12］黄威威. 改革与创新：反腐倡廉模式从"＋互联网"到"互联网＋"的升级［J］. 理论探讨，2016（3）：25-28.

［13］柯珠军，岳磊. 人情视角下我国腐败行为的文化透视［J］. 开放时代，2014（2）：210-224.

［14］雷震，田森，凌晨，等. 社会身份与腐败行为：一个实验研究［J］. 经济学（季刊），2016，15（2）：869-892.

［15］李辉，呼和那日松，唐敏. 民主，主观经济评价与腐败感知——基于亚洲、非洲与拉美舆情表合并数据的多层分析［J］. 经济社会体制比较，2015（3）：162-174.

［16］李明. 农村基层"微腐败"，全面小康"大祸害"［J］. 人民论坛，2017（20）：36-38.

［17］李燕凌，吴松江，胡扬名. 我国近年来反腐败问题研究综述［J］. 中国行政管理，2011（11）：115-119.

［18］刘帮成. 中国情境下的公共服务动机研究［M］. 上海：上海交通大学出版社，2015.

［19］卢锐，柳建华，许宁. 内部控制、产权与高管薪酬业绩敏感性［J］. 会计研究，2011（10）：42-48.

［20］马普秀，曾军，王艺超. 企业高管腐败研究文献综述［J］. 财会通讯，2018（10）：26-30.

［21］倪星，王立京. 中国腐败现状的测量与腐败后果的估算［J］. 江汉论坛，2003（10）：18-21.

［22］裴圣军. 权力腐败的伦理分析及治理途径——基于2014年上半年湖北省纪检监察机关查办的案件分析［J］. 中共石家庄市委党校学报，2015（11）：38-42.

［23］权小锋，吴世农，文芳. 管理层权力、私有收益与薪酬操纵［J］. 经济研究，2010，11（10）：73-87.

［24］饶育蕾，何鲁，彭叠峰，鲍玮. 权力距离与社会腐败——基于跨国数据的实证研究［J］. 中南大学学报（社会科学版），2017（6）：69-76.

[25]任建明，胡光飞. 文化反腐：历史反思、特点分析及手段策略[J]. 理论视野，2018(9)：11-20.

[26]穗纪宣，汤南. 打造廉洁之城广州——廉洁，为新型城市化发展护航[J]. 中国监察，2012(21)：18-22.

[27]孙敬良，梅海. 腐败与文化的回归分析[J]. 华南农业大学学报(社会科学版)，2015(2)：134-140.

[28]谭旭运，梁媛，顾子贝. 文化视角下的腐败心理研究：概念、指标和测量[J]. 中国社会心理学评论，2016(10)：179-197.

[29]万广华，吴一平. 制度建设与反腐败成效：基于跨期腐败程度变化的研究[J]. 管理世界，2012(4)：60-69.

[30]万蓉. 互联网时代"网络反腐"中隐私权问题探析[J]. 湖北函授大学学报，2015，28(16)：40-41.

[31]王克敏，王志超. 高管控制权、报酬与盈余管理[J]. 管理世界，2007(7)：111-119.

[32]王世谊. 论权力腐败的多维本质、显著特征及其成因[J]. 中共浙江省委党校学报，2014(6)：81-91.

[33]魏子晗，詹雪梅，孙晓敏. 腐败行为的发展轨迹：一项潜变量混合增长模型研究[J]. 心理科学，2015，38(6)：1459-1465.

[34]文鹏，陈诚. 非伦理行为的"近墨者黑"效应——道德推脱的中介过程与个体特质的作用[J]. 华中师范大学学报(人文社会科学版)，2016，55(4)：169-176.

[35]文鹏，夏玲，陈诚. 责任型领导对员工揭发意愿与非伦理行为的影响[J]. 经济管理，2016，38(7)：82-93.

[36]文鹏. 民企的"常态化"反腐[J]. 北大商业评论，2015(12)：124-128.

[37]文鹏. 集体腐败形成过程及干预：社会互动视角[J]. 珞珈管理评论，2016，12(2)：19.

[38]夏德峰，任亚青. 农村基层"微权力"腐败的机理机制与预防对

策[J].领导科学,2018(11):56-59.

[39]徐细雄,刘星.放权改革、薪酬管制与企业高管腐败[J].管理世界,2013(3):119-132.

[40]徐细雄.企业高管腐败研究前沿探析[J].外国经济与管理,2012(34):73-80.

[41]杨德明,赵璨.国有企业高管为什么会滋生隐性腐败?[J].经济管理,2014(10):64-74.

[42]杨云成.制度反腐的新阶段:推动权力公开透明运行[J].理论导刊,2015(2):24-27.

[43]杨中芳,彭泗清.中国人人际信任的概念化:一个人际关系的观点[J].社会学研究,1999,2(2):1-21.

[44]余雅洁,陈文权.治理"微腐败"的理论逻辑、现实困境与有效路径[J].中国行政管理,2018(9):105-110.

[45]郁熠铭.家族式腐败的表现形式、生成逻辑与治理方略[J].廉政文化研究,2018(6):50-58.

[46]张三保,张志学,陈小鹏.企业腐败及其动因、效应与治理:国际视野与中国路径[J].管理学季刊,2016(4):111-134.

[47]张书维.行为公共管理学:用"心"求"理"[J].公共行政评论,2018(1):1-6.

[48]张韦,石婧.国外腐败实验研究的梳理与启示[J].中国行政管理,2013(9):98-102.

[49]张玮倩,方军雄.地区腐败、企业性质与高管腐败[J].会计与经济研究,2016(3):3-24.

[50]赵璨,杨德明,曹伟.行政权、控制权与国有企业高管腐败[J].财经研究,2015(5):78-81.

[51]赵璨,朱锦余,曹伟.高薪能够养廉么?——来自中国国有上市公司的实证证据[J].中国会计评论,2013,11(4):491-512.

[52]郑华萍,朱伟.网络反腐与党的执政能力建设[J].甘肃社会科学,

2018(6)：127-132.

［53］周美华，林斌，林东杰. 管理层权力、内部控制与腐败治理［J］. 会计研究，2016(3)：56-63.

［54］周瑜胜. 公司控制权形成、特征、作用及转移：结构与嬗变——国内研究透视与展望［J］. 经济研究导刊，2012(6)：90-92.

［55］Abbink K, Irlenbusch B, Renner E. An experimental bribery game［J］. *Journal of Law, economics, and organization*, 2002, 18(2)：428-454.

［56］Abraham J, Suleeman J, Takwin B. Psychological mechanism of corruption：A comprehensive review［J］. *Asian Journal of Scientific Research*, 2018, 11(4)：587-604.

［57］Bedi A, Alpaslan C M, Green S. A meta-analytic review of ethical leadership outcomes and moderators［J］. *Journal of Business Ethics*, 2016, 139(3)：517-536.

［58］Bontis N, Bart C, Seleim A. The relationship between culture and corruption：A cross-national study［J］. *Journal of Intellectual Capital*, 2009, 10(1)：165-184.

［59］Brown M E, Treviño L K, Harrison D A. Ethical leadership：A social learning perspective for construct development and testing［J］. *Organizational behavior and human decision processes*, 2005, 97(2)：117-134.

［60］Cai H, Fang H, Xu L C. Eat, drink, firms, government：An investigation of corruption from the entertainment and travel costs of Chinese firms［J］. *The Journal of Law and Economics*, 2011, 54(1)：55-78.

［61］Chen M, Chen C C, Sheldon O J. Relaxing moral reasoning to win：How organizational identification relates to unethical pro-organizational behavior［J］. *Journal of Applied Psychology*, 2016, 101(8)：1082-1096.

［62］Jilke S, Olsen A L, Tummers L. Behavioral public administration：Combining insights from public administration and psychology［J］. *Public*

Administration Review, 2017, 77(1): 45-56.

[63] Hofstede G. Cultural dimensions in management and planning[J]. *Asia Pacific journal of management*, 1984, 1(2): 81-99.

[64] Hofstede G, Bond M H. Hofstede's culture dimensions: An independent validation using Rokeach's value survey [J]. *Journal of cross-cultural psychology*, 1984, 15(4): 417-433.

[65] Hofstede G, Neuijen B, Ohayv D D, Sanders G. Measuring organizational cultures: A qualitative and quantitative study across twenty cases [J]. *Administrative science quarterly*, 1990(35): 286-316.

[66] Jancsics D. Interdisciplinary perspectives on corruption [J]. *Sociology Compass*, 2014, 8(4): 358-372.

[67] Jones T M. Ethical decision making by individuals in organizations: An issue-contingent model [J]. *Academy of management review*, 1991, 16 (2): 366-395.

[68] Keem S, Shalley C E, Kim E, Jeong I. Are creative individuals bad apples? A dual pathway model of unethical behavior[J]. *Journal of Applied Psychology*, 2018, 103(4): 416-431.

[69] Kirkman B L, Chen G, Farh J L, et al. Individual power distance orientation and follower reactions to transformational leaders: A cross-level, cross-cultural examination [J]. *Academy of Management Journal*, 2009, 52(4): 744-764.

[70] Kish-Gephart J J, Harrison D A, Treviño L K. Bad apples, bad cases, and bad barrels: meta-analytic evidence about sources of unethical decisions at work [J]. *Journal of applied psychology*, 2010, 95 (1): 1-31.

[71] Knutsen C H. Measuring effective democracy[J]. *International Political Science Review*, 2010, 31(2): 109-128.

[72] Levendis J, Waters G. Corporate corruption and chaos: A formal recursive

model[J]. *International Journal of Business and Management Science*, 2009, 2(2): 177-192.

[73] Mai K M, Ellis A P, Welsh D T. The gray side of creativity: Exploring the role of activation in the link between creative personality and unethical behavior [J]. *Journal of Experimental Social Psychology*, 2015, 60, 76-85.

[74] Osuji O. Fluidity of regulation-CSR nexus: The multinational corporate corruption example [J]. *Journal of Business Ethics*, 2011, 103 (1): 31-57.

[75] Pearce C L, Hoch J E, Jeppesen H J, Wegge J. New Forms of Management: Shared and Distributed Leadership in Organizations ——A Special Issue of Journal of Personnel Psychology[J]. *European Journal of Psychological Assessment*, 2009, 25(4): 285-286.

[76] Salmon T C, Serra D. Corruption, social judgment and culture: An experiment [J]. *Journal of Economic Behavior & Organization*, 2017 (142): 64-78.

[77] Smith Crowe, Warren D E. The emotion-evoked collective corruption model: The role of emotion in the spread of corruption within organizations[J]. *Organization Science*, 2014, 25(4): 1154-1171.

[78] Tomo A, Todisco L, Mangia G. Contextual and individual characteristics effects on students' corruption perception and behaviours in higher education[J]. *Journal of Economic and Administrative Sciences*, 2019, 35 (1): 28-43.

[79] Tourish D, Vatcha N. Charismatic leadership and corporate cultism at Enron: The elimination of dissent, the promotion of conformity and organizational collapse[J]. *Leadership*, 2005, 1(4): 455-480.

[80] Trevino L K. Ethical decision making in organizations: A person-situation interactionist model[J]. *Academy of management Review*, 1986, 11(3):

601-617.

[81] Umphress E E, Bingham J B, Mitchell M S. Unethical behavior in the name of the company: The moderating effect of organizational identification and positive reciprocity beliefs on unethical pro-organizational behavior[J]. *Journal of applied psychology*, 2010, 95(4): 769-780.

[82] Watson S, Hirsch R. The link between corporate governance and corruption in New Zealand[J]. *New Zealand Universities Law Review*, 2010, 24(1): 1-42.

[83] Welsh D T, Ordóñez L D. Conscience without cognition: The effects of subconscious priming on ethical behavior [J]. *Academy of Management Journal*, 2014, 57(3): 723-742.

[84] Welsh D T, Ordóñez L D. The dark side of consecutive high performance goals: Linking goal setting, depletion, and unethical behavior [J]. *Organizational Behavior and Human Decision Processes*, 2014, 123(2): 79-89.

[85] Wu X. Corporate governance and corruption: A cross-country analysis[J]. *Governance*, 2005, 18(2): 151-170.

[86] You J, Nie H. Who determines Chinese firms' engagement in corruption: Themselves or neighbors? [J]. *China Economic Review*, 2017(43): 29-46.

[87] Zahra S A, Priem R L, Rasheed A A. The antecedents and consequences of top management fraud[J]. *Journal of Management*, 2005, 31(6): 803-828.

[88] Zhao H, Zhang H, Xu Y. Effects of perceived descriptive norms on corrupt intention: The mediating role of moral disengagement [J]. *International Journal of Psychology*, 2019, 54(1): 93-101.

[89] Zheng X, El Ghoul S, Guedhami O. Collectivism and corruption in bank lending[J]. *Journal of International Business Studies*, 2013, 44(4): 363-390.

第三章　伦理诱惑的理论研究与测量

如前文所示，过去学者们在探讨腐败行为的成因时，对管理者所面临的社会环境、组织环境关注相对较少。实际上，在我国社会与经济的转型期，诸多的因素或风险会对组织管理者在实施决策时带来巨大的诱惑，进而导致偏差行为与腐败现象的发生。准确地识别这些诱惑因素，并减少甚至消除这些诱因，将为反腐败工作提供有益的启示。本章首先对伦理诱惑这个核心概念的理论研究予以回顾，并与相似的概念进行辨析，以明确该概念的内涵与边界；其次，采用问卷调查的方法，对中国情境下伦理诱惑可能包含的因素进行初步识别，为人们更加深入和系统地认识这个概念提供帮助；最后，采用心理学开发新构念的程序，开发了管理者伦理诱惑的测量量表。

第一节　伦理诱惑的起源与概念辨析

一、伦理诱惑的起源

"伦理诱惑"这一词并非本土学者所创建，而是起源于西方文献并由本书作者翻译而来。目前，伦理诱惑有两种英文表达方式，分别是 moral seduction 与 moral temptation。这两种表达的字面意思相近，所描述的含义也类似，但研究的情境略有差异。相对而言，前者偏向于组织层面，后者则偏向于个体层面。

(一) 组织层面的伦理诱惑研究

时任美国卡内基梅隆大学副教授的 Moore[1]，与加州大学伯克利分校的 Tetlock 教授、哈佛大学的博士生 Tanlu 以及哈佛大学的 Bazerman 教授，于 2006 年首次提出了"伦理诱惑"概念，并将相关的成果发表在美国著名的学术期刊《管理学会评论》(*The Academy of Management Review*)上。Moore 等人发现，美国的会计审计制度存在严重的缺陷，其最致命之处在于客户企业支付给审计公司报酬，由于双方存在雇佣关系，审计公司的会计报表就很难实现真正的独立。为此，作者提出了伦理诱惑理论以及相关的观点，认为上述制度安排是一个极大的诱因，会导致外部审计公司跨越道德或法律的边界，进而实施违背道德或法律的行为。会计师事务所却认为，"我们没有做错任何事情"。实际上，在曾经轰动全球的安然财务丑闻事件中，该公司所雇佣的会计公司安达信就扮演了类似上述的负面角色。

Bastedo(2009)将伦理诱惑引入到美国大学管理的研究中，认为美国大学的受托人(trustees)缺乏独立性，在诸多伦理诱惑的影响下，会做出一些自利的决策，从而对大学组织造成伤害。在有关道德直觉的文献综述中，Weaver 等人(2014)对既有的文献予以回顾，并运用伦理诱惑理论来解释人们为什么会无意识地实施非伦理行为或腐败行为。这些研究主要聚焦于组织层面，但同时也受到很多伦理决策研究者(既包括研究组织的学者，也包括研究个体的学者)的关注，这些学者均指出，伦理诱惑是行为伦理与腐败研究中的一个独立流派，该流派强调人们在受到一些外部因素的影响时，会无意识地实施非伦理行为或腐败行为，这与既有研究看重伦理决策的理性选择和分析是完全不同的(Ashforth et al, 2008; Greve, Palmer,

---

[1]　本书作者在 2015 年与 Moore 教授进行了邮件交流。他认为，伦理诱惑现象仍然在多个行业中存在，人们需要更加准确地识别这些诱惑。在 2006 年的研究中，Moore 教授只是正式地提出了该理论，并作了简要的分析，但并未对该现象进行深入的探讨。

Pozner，2010；Sezer，Gino，Bazerman，2015）。不过，尽管学者承认了伦理诱惑在行为伦理与腐败研究中的重要性，但一直对该领域缺乏实质性的推动，这就导致人们仍然只能停留在伦理诱惑概念与现象认识的层面，对其构成要素、测量以及作用机制等知之甚少。

(二) 个体层面的伦理诱惑研究

个体层面的伦理诱惑主要采用组织行为学的研究范式，关注个体在伦理诱惑的情境下如何做出正确的伦理决策，即如何才能有效地抵制伦理诱惑。从文献数量来看，个体层面的伦理诱惑研究比组织层面的研究更为丰富一些。

Brinkmann(2005)较早从个体决策的角度关注了伦理诱惑，并指出伦理与道德是相对抽象的，它们只有在诱惑的情境下被检验才能更加具体并贴合实际。为此，作者将伦理诱惑视为一种机会，即个体可以采用非伦理行为的方式来实现一些目标。该研究以保险公司的客户不诚信为背景，并结合道德心理学等领域的研究，提供了一些伦理诱惑的测量情境，以便于学者们在后期开展实证研究之用。例如，你有一台价值 1000 欧元的数码相机被偷了，可以由保险公司来赔偿。此时你无法找到证明其真实价格的发票，那么，你会怎么跟保险公司报价呢？从这个情境中可以看出，个体有报高价的可能性与机会。

哈佛大学 Gino 教授与其合作者发表了有关伦理诱惑的经典之作。Gino 等(2011)认为，个体之所以不能抵制诱惑，是因为其自我控制的资源耗尽，导致实施非伦理行为。在该研究中，作者设置了四个实验项目，要求被试者完成填字游戏，但他们有虚报自己绩效的机会(即诱惑情境)。研究发现，相对于自我调节资源完整的个体，那些自我调节资源被耗尽的被试者会更可能"有动力欺骗"(impulsively cheat)。他们也发现，道德意识是解释自我调节资源耗竭与非伦理行为关系的中介变量，道德认同会削弱自我调节资源耗竭对非伦理行为的影响。该研究很好地揭示了个体抵制诱惑失败的原因在于认知资源的匮乏，这为更有效地干预非伦理行为提供了新的思路，即需要关注个人认知资源(尤其是自我调节)并将其维持在较高的水平，否则个体可能会自然地、下意识地实施非伦理行为。

Cianci 等(2014)将伦理诱惑引入到上下级的关系中，采用实验法检验了真诚型领导与伦理诱惑两者的交互对个体伦理决策的影响。研究发现，两者的交互对个体伦理决策有显著影响。当面对伦理诱惑时，真诚型领导的水平越高，个体实施非伦理决策的可能性越小，并且，自我的愧疚评估会依附上述关系，即在伦理诱惑的情境下，真诚型领导会增强个体的愧疚评估，进而减少实施非伦理决策。根据该研究的结果，抵制伦理诱惑的关键因素是上级应为真诚型领导。

在最近的研究中，Mooijman 等(2018)研究了个体在何时会更倾向于实施自我控制道德化(self-control moralization)。一旦被道德化，个体的自我控制将变成一个对与错的话题。自我控制会被视为一个具有显著道德性的角色，如果自我控制失败，个体将会受到道德上的谴责。研究者发现，与团队导向相连的道德价值观在个体自我控制道德化过程中发挥了重要作用。换句话说，个体会更倾向于为了团队的利益而抵制伦理诱惑，进而将自我控制上升到道德的高度，并能较好地进行自我控制。该研究的贡献在于揭示了人们在哪种情况下(即将自我控制与团队而非个人相联系)才会有效地抵制伦理诱惑。

综合组织层面和个体层面的伦理诱惑研究，我们发现组织层面的研究更加关注外部情境因素对组织决策的影响以及组织管理者该如何避免被诱惑所影响，但对于管理者的心理机制研究较少；而个体层面的研究则更强调伦理诱惑对于个体心理的作用机制以及个体该如何抵制诱惑，但对个体的身份以及组织情境关注得不够。为此，本书将充分借鉴这两个流派的研究，既考察真实组织情境下管理者所面临的伦理诱惑，也会关注受此诱惑后其会产生哪些认知与行为的变化，以形成更加系统和完整的伦理诱惑作用机制。

二、伦理诱惑的概念辨析

(一)伦理诱惑概念的定义与特征

综合上述的研究与分析，本书认为，伦理诱惑是指一些特定的情境，在此情境下多数个体或集体会被诱使实施偏差行为甚至是腐败行为。该定义有以下三个主要的特征：

第一，伦理诱惑是一种情境。在过去行为伦理的研究中，学者们认为，实施非伦理行为与腐败行为的原因主要有两类，一类与自身的因素有关，即"坏苹果"；另一类与所处的环境相关，即"坏木桶"（Kish-Gephart，Harrison，Treviño，2010）。根据本书的定义，伦理诱惑显然属于"坏木桶"的范畴。换句话说，伦理诱惑意在强调，实施腐败行为的个体并非都是由于其"坏苹果"的本质特征所引发的，而是由于其被置于"坏木桶"的环境中。因此，识别并消除个体所面临的伦理诱惑是减少腐败行为的有效途径之一。但比较遗憾的是，与伦理诱惑相关的研究都是在国外（主要是美国）开展的。考虑到东西方在文化、政治等多方面存在差异，尤其是伦理具有较强的情境性，既有研究难以准确反映我国管理者所面临的伦理诱惑。例如，中国是一个人情社会，一些管理者会陷入到人情文化的义务规定中，通过采用互惠的方式来实施腐败行为。这些与中国文化密切相关的因素，在以往的伦理诱惑文献中是难以找到的。因此，根植于中国现实并确定伦理诱惑的构成要素，是本书的主要研究内容之一。

第二，伦理诱惑会发挥"引诱"的作用。从个体实施某种行为的过程来看，行为一般分为理性分析后的选择与下意识的行为，前者强调个体在进行行为决策时的主动性，而后者则关注个体的被动性与无意识状态。伦理诱惑的"引诱"作用强调个体身处伦理诱惑下，会屈服于外界的影响，进而自觉地或者下意识地实施相关的行为。在行为伦理的研究中，与理性分析流派一样，无意识流派也开始得到了很多人的关注与认可（Welsh 和 Ordóñez，2014）。从理论基础来看，有限道德理论为该流派提供了很好的解读。该理论强调对个体认知的改变，其核心观点是：当个体面临道德决策时，并非总是能理性思考与分析，而是会陷入一种"有限理性"的状态，进而实施一些"在理性分析下不可能实施的"违背道德的行为。正是基于既有研究成果以及道德有限理论的观点，本书将深入探讨伦理诱惑是如何对管理者发挥"引诱"作用的，具体将从管理者认知改变的角度来分析该问题。

第三，伦理诱惑指向结果一般为偏差行为或腐败行为。"诱惑"一词在心理学较为常见，其引发的结果也较为丰富。例如，著名心理学家皮亚杰曾经以小孩为研究对象，考察他们能否在糖果的诱惑下控制自己的欲望，并将这种控制力与他们今后的职业成功联系起来。与之不同，伦理诱惑的指向是较为明确的，它一般将引导人们实施与道德伦理相违背的行为，如偏差行为或腐败行为。也就是说，它主要是对个体的伦理决策形成诱惑，而非对职业成功、心理健康、消极情绪形成诱惑。因此，伦理诱惑可被视为行为伦理中的一个主要变量。当然，根据组织管理的研究范式，尽管伦理诱惑这一概念具有很强的"伦理"色彩，但这并不意味着有关伦理诱惑的作用结果仅仅限于与道德伦理相关的行为，可能与其他类型的相关变量也存在关联。不过，由于本书的重点是探讨腐败的形成原因，伦理诱惑与偏差行为或腐败行为的关系会成为后续内容的研究主线。

(二) 伦理诱惑与相似概念的辨析

作为一个独立的概念，伦理诱惑描述了个体实施伦理决策时的诱因。从过去的研究来看，有一些概念与伦理诱惑有相似之处，下面将对这些概念进行辨析。

1. 伦理诱惑与非伦理型领导

非伦理型领导缺乏对自身的道德约束，为下属树立了坏的榜样，同时他们也不会使用手中的权力来鼓励下属实施伦理行为，或者采取惩罚的方式来削弱非伦理行为的发生（Brown Mitchell，2010；Eisenbeiß，Brodbeck，

2014)。根据社会学习理论，这类领导风格与行为为下属实施违背道德的行为(包括腐败行为)提供了角色榜样，也给予了下属更多实施该类行为的机会与空间。从这个角度看，非伦理型领导会成为下属走向腐败的影响因素之一。也就是说，伦理诱惑与非伦理型领导的作用指向都是相似的。但是，它与伦理诱惑存在两个重要的区别：第一，伦理诱惑是一个全面的概念，它不仅仅包含来自领导者的影响；第二，伦理诱惑更强调通过诱使来改变个体的认知，但非伦理型领导更强调对下属的示范效应，对个体认知的改变程度有限。

2. 伦理诱惑与伦理困境

与伦理诱惑一样，伦理困境(ethical dilemma)也是一种典型的情境变量，它描述了个体或集体在外部情境的影响下，在实施伦理决策时面临的伦理两难选择。譬如，某个销售员通过适当违背规则，就能获得比较丰厚的回报，并且还无人察觉，那么他/她做还是不做呢？或者某个官员在无人知晓的情况下，是否可收受他人的好处呢？很显然，这些困境首先会给个体提供实施非伦理行为的机会，导致他们有动机去实施该类行为。但是，之所以称之为"困境"，是因为该概念特别强调个体在实施伦理决策时会面对矛盾的、相互冲突的因素影响。在经过分析和反思之后，个体有可能最终会选择实施非伦理行为，也可能会实施合规与合法的行为。伦理诱惑则强调对个体实施偏差行为或腐败行为的直接影响，一般不存在伦理问题的选择性。因此，尽管伦理困境与伦理诱惑都反映了影响个体伦理决策的情境因素，但是前者的作用指向是两难困境，后者则更为明确地指向诱发违背伦理的行为。

3. 伦理诱惑与潜规则

潜规则是指社会或组织中存在的、没有明文规定但却对人们影响深刻的规则。在潜规则的影响下，人们会认为某件事情或行为是理所当然的或者是必须实施的，即便它们违背了社会规则与法律规定。此时，人们的正确认知会得到改变，会下意识地实施与潜规则相似的行为。因此，与伦理诱惑一样，潜规则也是通过改变个体的认知，让他们实施无意识的行为，并且，潜规则也属于情境因素，它包括的范围较为广泛，既可能有社会文化因素，也会包括组织、领导等因素。在日常生活中，潜规则具有负性的一面，也被学者认为需要从道德反制的角度来打破潜规则文化（李彬，2020），但从概念本身来看，潜规则并没有明确地指向偏差行为或者腐败行为。例如，在有些篮球俱乐部中，刚加入的新成员需要给年纪大的队友买早餐、提行李等，否则会遭到大家的"惩罚"。在球队潜规则的影响下，新队友实施的这些帮助行为并没有明显的伦理含义。但是伦理诱惑则不同，它具有很强的伦理色彩，与非伦理行为具有很强的联系。因此，两个概念的最大区别就体现在对伦理行为的指向上。

第二节　伦理诱惑因素的初始识别

那么，中国情境下的伦理诱惑究竟包括哪些内容呢？或者说，它是如何构成的？对该问题的准确回答，一方面有利于我们更加清晰地认识伦理诱惑的概念内涵，另一方面也将有助于构建伦理诱惑与其他变量之间的关系，进而推进该领域的实证研究。该节将对伦理诱惑的构成因素进行初始识别，并为后面的量表开发奠定基础。

一、伦理诱惑因素初始识别的方法选择

（一）因素识别与构念开发的程序

确定一个新概念的构成要素需要经过严谨的调研与分析过程，它同时也是一项具有较强原创性的工作。在这方面，心理学（尤其是组织心理学）开发构念①（construct）的一般程序值得我们借鉴。一般而言，心理学专家们会根据对现实的初步观察以及文献的阅读，提出一个新的概念，并从理

---

① 此处的"构念"大致等同于"概念"一词，只不过前者更加强调概念的构成。

论上将该概念与其他相似概念进行辨析。接着，研究者会采用开放式问卷的方式，调查现实中人们对该概念的看法，进而收集一些与该概念构成相关的词语，并对这些词语出现的频率进行排序，提炼出高频次的词汇，将这些高频次词汇与理论文献的主要观点相结合，从而形成该概念构成的初始条目（item）。

在完成上述步骤之后，研究者将以问卷的形式展示这些初始条目，并发放给一定数量的调查者回答，通过因子分析的方法检验这些条目的聚合程度，并通过不断优化来删减条目。根据研究的需要，该过程可能会重复多次，直至形成较为稳定的测量条目与结构。综合起来看，该方法的前半段是做题项的加法，在后半段则做题项的减法。

使用构念开发的方法来识别因素，具有如下几个优点：第一，因素具有完备性。由于研究者是采用开放的心态，从理论和现实中广泛收集了该概念的测量条目，这能确保它们涵盖所有的信息，保证所识别的因素是完备的，能真实地反映其应具有的内涵。第二，因素具有互斥性。在实施多轮因素分析之后，该概念的因素之间能被较好地区分，相互之间既具有联系也是独立的，能从不同的角度或侧面来反映该概念的含义。第三，因素及概念具有可测量性。一般而言，在识别出该概念的构成因素之后，研究者可以基于此开发出测量量表，并采用问卷调查的方法来明确测量要素以及整个概念的高低程度。本章将采用该方法，对伦理诱惑构成要素进行初始识别，进而开发出较高信度和效度的测量量表。

（二）因素识别与构念开发的举例说明

为了进一步明确构念开发的流程与方法，此处以行为伦理研究中的两个经典概念为例，看看研究者们是如何对它们的构成因素与构念开发实施原创性的研究。

1. 伦理型领导

在前文中，已经提及伦理型领导的定义与内涵，此处不再赘述。该概念是由宾夕法尼亚州立大学的 Michael Brown 教授与另外两位学者一起提出的。他们为何提出该概念呢？这与 2001 年发生在美国的安然财务造假事件密切相关。作为北美能源业的巨头，安然公司以及其领导层一直给公众树立了良好的形象。但面对着公司业绩的下滑，时任董事长科林斯并没有采取更强硬和更有效的措施来扭转局面，而是伙同会计师事务所来实施财务造假，进而操作股价。事情被曝光后，安然公司倒闭，科林斯作为主要的领导者也被司法处置。在过去的领导学研究中，尽管学者们曾提及领导者的道德要求，但是尚缺乏一个科学的概念来全面衡量领导者的道德要求。①

为此，Brown 等（2005）明确提出了伦理型领导这一概念。为了探究该概念的构成要素，研究者首先对相关的理论研究进行了归纳，并对来自两所大学的 20 名 MBA 学生进行了访谈，最终确定了 48 个条目池，即为伦理型领导测量的初始条目。随后，经过 4 轮问卷调查，不断删减语义重复、无法聚合的条目，形成了一个单因素②10 题项的量表。

2. 道德认同

道德认同反映了个体对于自己道德水平的认可程度。为了准确探究道德认同的构成要素，Aquino 和 Reed（2002）实施了一系列的研究。首先，研究者明确了道德特质要素。在第一个研究中，作者让 128 名商学院的学生回答"一个道德的人应该具备什么样的特质"，共收集到 376 个不重叠的道德特质，并进一步归纳为 19 类。考虑到特征的普遍性，作者又在统计频次（要求至少有 30%的人提到）的基础上，将道德特质缩减为 9 类。第二次研究验证了这 9 类道德特质的聚合性以及与相关特质的区别性。

在确定完上述道德特质之后，研究者根据以往学者的理论分类以及文

---

①　明确提出伦理型领导这一概念，具有较强的理论创新性与现实指导性。实际上，在我们现实的组织管理中，有的领导者可以被称为变革型领导或魅力型领导，但却不一定是伦理型领导。提出该概念，将丰富人们对于领导风格与行为的认识。

②　尽管 Brown 等（2005）认为，伦理型领导包含领导者自身的道德水平和他们实施道德管理（奖励与惩罚）两个方面，但最终的数据仍然显示它是一个单因素的概念。

献，将这些道德特质划分为两类，一类是与个体内在一致的认同，另一类则是外在表现出的认同，前者有 7 个题项，后者有 6 个题项。再次经过问卷调查，删除不相关题项，最终提出个体对于上述特征的道德认同共分为两个要素或者维度，分别是内化的道德认同和象征性的道德认同。该因素分类与构成已经得到了学者们的广泛认可。

二、访谈法与开放式问卷调查法

(一) 访谈法

为了获得有关管理者腐败的第一手资料，本书作者开展了大量的访谈。访谈法是从现实中识别概念构成因素的常用方法，其优点在于能帮助研究者获得一手的、原始的资料，对现状有较为真实的刻画；其缺点则较为耗时，实施成本相对较高。访谈法既包括结构化访谈，也包含非结构化访谈。前者的访谈题目是预设好的，按照固定的流程来实施；后者则固定一部分访谈题目，同时也会让被访谈者灵活、自由地发挥。在本书中，结构化访谈的题目主要是以封闭的、发生在身边的近端问题为主，例如"您从事的职业是什么？在该组织呆了多长时间？""组织内有没有出现过腐败现象？""您是否曾经面临过腐败诱惑？"等。半结构化访谈的题目主要以开放式的、相对远端的问题为主，例如"组织管理者腐败的原因有哪些？这些原因如何排序""对我国当前的反腐工作满意吗？为什么？"。有关访谈的详细提纲见本书附录 1。

在本书中，访谈的对象主要包括各类组织的管理者与员工，访谈的话题紧扣"管理者腐败"来展开。为了使访谈更加具有代表性，本次共选择了 8 位被访谈者。其中，4 名是公共组织工作者，包括 2 名管理者和 2 名员工；另外 4 名则是私营企业的工作者，包括 2 名管理者和 2 名员工。每人访谈的时间为 1 个小时左右，均采用线下面谈的方式展开。① 为了保证访

_____

① 这些访谈是在 2018 年 10 月至 2019 年 5 月之间完成的。

谈效果，在征得被访谈者同意的情况下我们对访谈进行了录音。

以下是每个人的基本信息与代表性观点的总结：

（1）访谈对象：某政府机构管理者，男，52岁，直属部门负责人

与该访谈对象实施的是半结构化访谈。他认为，目前我国各行各业的腐败态势已经得到了遏制，但仍需警惕，不能放松。他特别谈道："有权力的地方就会有腐败。我们需要做的是怎样规范权力的使用，将腐败现象降到最低。我们每一个管理者要珍惜手中的权力，要特别警惕外部因素的诱惑……毫不夸张地说，我几乎每天都会面对各种诱惑，这就需要我去识别，也是对我的智慧的考验。"

（2）访谈对象：某事业单位管理者，男，45岁，下属机构负责人

与该访谈对象实施的是半结构化访谈。他特别提出，社会文化与腐败具有千丝万缕的联系。他说："文化几乎影响着我们每天的生活或工作方式。我热爱中国文化，但也看到有些落后的要素可能还促进了腐败的发生。就以我们经常说的关系为例吧，现在在中国办很多事情仍需要靠关系，有关系会带来很多便利。经常会有人托关系来找我办事，有时候我也会为了家人的事情去找他人。"

（3）访谈对象：某政府部门职工，女，36岁，技术岗

与该访谈对象实施的是结构化访谈。她认为，腐败现象在一些单位仍然存在，毕竟领导者面临的诱惑太多，这对他们的自制力是一个巨大的挑战。她非常坦诚地谈道："我们是很难对领导者怎么使用权力进行监督的……以前我们单位领导外出到哪里，去了或者出去多少天，我们一概不知，也不好过问。现在单位要求所有领导者与职工都公布自己的外出安排，至少让我们知道对方在干啥。但你说领导者与哪些人打交道、审批了哪些文件等，我们哪里晓得呢。有些制度确实有点过时了，无法对大家形成很好的约束。"

（4）访谈对象：某事业单位职工，男，28岁，行政岗

与该访谈对象实施的是结构化访谈。他特别强调在公共组织内上级领导的影响力，认为其可能是造成腐败的诱因。他指出："在当前这种环境

下，尤其是像我们这种单位，领导者对下面办事人员的影响力还是很大的。有的时候，某个领导打个招呼，可能就特事特办了，那这里面有没有违规的地方，很难说。有的时候下面的办事人员也懒得去管事情的性质，按照领导的旨意去办就 OK 了。"

（5）访谈对象：某中型民营企业管理者，男，43 岁，副总裁，创始人之一

与该访谈对象实施的是半结构化访谈。该管理者认为，任何一家企业的成长都离不开全体成员的努力奋斗，企业也会尽量去避免实施一些违规与违法行为，因为它们会破坏企业的健康成长。但他也提到，目前国内的商业环境仍有待优化。"这几年民营企业的发展尤为艰难……在市场竞争中，有时候会出现搅局者或者我们常说的劣币驱逐良币的现象。我们先不谈是否违规，如果竞争对手都这么做，我们不去跟进，市场份额就没了，公司可能会面临倒闭的风险，员工的工资怎么发？所以建议政府在规范市场上多下功夫。我们民营企业希望与其他企业开展公平的竞争。"

（6）访谈对象：某外资企业管理者，女，38 岁，部门经理

与该访谈对象实施的是半结构化访谈。该访谈者从自身工作出发，谈到了企业以及其他组织的反腐败治理策略问题。她强调："无论是企业，还是政府，反腐败取得成功并非难事。通过这些年对外资企业的观察，我发现加强制度约束是反腐的唯一有效途径。人都是有私欲的，你不约束他，他迟早有一天会为了满足自己的私欲来干一些违规的事情。但如果我们不断修改制度，让制度对任何违规违法行为的处罚都做出规定，触犯了就惩罚，这就会让大家更加明白制度的刚性与不可约束性……我所在的这家企业，曾经辞退了很优秀的管理者，就因为他严重违反了公司的规定。"

（7）访谈对象：某小型民营企业员工，男，23 岁，销售岗

与该访谈对象实施的是结构化访谈。该访谈者从大学毕业后，刚参加工作不久，他承认自己目前仍然处于学习与模仿阶段。"做销售光有书本知识是不行的，我现在几乎每天都会跟公司的老业务员聊天，学习他们是怎么开拓市场，与客户沟通的。我就发现，一些优秀的销售员会使用小技

巧，这些技巧也谈不上违法或者腐败，但一般人看来可能略带有一点灰色，不过非常实用。我曾经问过他们，是如何学会这些技巧或方法的，他们说是以前的销售员教的……我会向他们学习，不过我绝对不会干出任何违法的事情来。"

（8）访谈对象：某大型民营集团公司员工，女，25岁，财务岗

与该访谈对象实施的是结构化访谈。她直言，做财务工作很具有挑战性，不仅要掌握扎实的专业知识，还要学会站在领导与企业的角度思考问题，否则会被领导批评。她说："我们公司每到年底都是最忙的时候。这种忙一方面是因为年底轧账，很多人要来报销，我们也要进行年度决算；另一方面，我觉得这个时候领导对我们干预得特别多。我这样说，可能不太尊重领导，但这也是事实，他们会让我们出具更好的、更有利的财务报表，这样要求我们可能一方面是为了避税，另一方面也是希望自己有更好的业绩吧，毕竟我们是集团公司，董事长对财务数据还是很敏感的。"

在上述访谈中，8位访谈对象对腐败形成的诱因与治理均提出了各自的看法。综合而言，他们分别对于制度改进与约束、社会文化、领导者、周围人的表现等方面进行了阐述，这些阐述有利于我们进一步明确识别中国情境下的伦理诱惑构成要素，为后续的研究奠定基础。

（二）开放式问卷调查法

为了更加准确地了解伦理诱惑的构成因素，在上述访谈法的基础上，我们又实施了开放式问卷调查法。与封闭式问卷调查法不同，开放式问卷调查法不预设答案，也不会强迫填写者做出"是与否"的选择，其目的是启发被填写者思考，进而提供更加真实和全面的信息。

实施开放式问卷调查法时，主要按照以下步骤进行：

1. 调查对象选择

由于本研究的主题是与"管理者腐败"密切相关，因此在实施开放式问卷调查法时，最佳的调查对象即为各类组织的管理者。但考虑到大规模调

查组织中的管理者对社会资源有较高的要求，本研究最终选择了在校就读的 MPA（公共管理硕士）与 MBA（工商管理硕士）的学生。MPA 的学生一般在公共组织内至少有三年以上的工作经验，他们担任着各类公共组织的管理工作，对内部的具体运作方式都有很清晰的了解，对于公共组织内的腐败成因也有自己的认识。MBA 的学生更多来自企业组织，一般至少有三年以上的企业管理经验，他们对于企业是如何参与市场竞争以及企业管理中的问题也有较为清晰的认识。由于他们既有相关的工作经验，又有一定的理论知识储备，因此能较好地理解本研究的意图。

因此，本书作者以及课题组的相关成员在给这些学生上课之际，向他们发放了开放式问卷。这些被调查对象分别来自中部某部属高校的三个班，即两个 MPA 班，一个 MBA 班，每个班的人数有 40 人左右。

2. 问卷内容设计与调查开展

在开展调查之前，作者对开放式问卷进行了设计。参照既有研究的做法以及本研究的内容，研究者设置了如下一段话：

> 作为管理者，您在工作中可能会随时面临一些诱惑或驱使因素，进而让自己无意识地实施一些违背规则、制度、道德甚至是法律的行为。下面，请列出您通常面临的诱惑或驱使因素有哪些（填写 3~10 项）。为方便作答，我们举出了一个例子。
>
> 例：我之所以在工作中做出这些行为，是因为：<u>别人都这样做</u>。

在被调查之前，学生们被告知本研究的目的，并强调问卷的填写内容是匿名的，仅供研究汇总使用，让他们放心填写。在下课之后，研究者为他们提供了笔和纸张，让他们在课堂上自愿填写。填写过程中，研究者要求他们根据自己的情况独立作答，不相互交流。根据问卷的设计要求，每人至少写出 3 条诱惑因素，即可结束填写。

3. 问卷收集

问卷填写完成后被当场收回。根据统计，本次调查共发放 120 份问卷，收回 116 份，并且删除了部分没有按照要求填写的问卷（如空白、只是照抄例子等），共回收了 108 份有效的开放式问卷，有效回收率为 90%。

三、伦理诱惑因素的构成

(一) 访谈与问卷调查结果的分析

通过对这些有效问卷的逐条整理，共获得 424 个条目（item），笔者让自己的两名研究生将这些条目一一输入到 Excel 表中，并且，通过他们的阅读、理解与商议，删除了部分语义模糊的词句，共获得 400 个有效条目。

接着，笔者与两名研究生结合访谈与问卷调查的结果，分别独立地对这些条目进行归类。归类的主要做法就是将同一类诱惑因素暂时归纳到一个更具有概括性的类别中。例如，在阅读条目时，有较多人提到可能跟目前的文化有关系，并提供了例子，如帮助朋友、碍于面子、人情关系、关系好以致公私不分等。

在此基础上，我们三人进行了充分的讨论。对于认识不一致的地方，先独立阐述自己的观点，然后再合议并消除差异项，并最终基本达成一致。结果发现，这些被调查的 MPA/MBA 学生认为，自身所面临的伦理诱惑要素大致可分为四类，这些条目各占总体的比例均在 18% ~ 23.6%①之间。经过思考与讨论，研究者将这四类因素分别命名为：人情文化、他人示范、领导威权和制度失效，每类要素所包含的条目数、所占比例及举例如表 3-1 所示。

---

① 从该比例中可以看出，条目中仍然还存在一些提及频率不高的词汇。例如，薪酬不高、个人成长经历、享乐主义等。在这些表达中，有的属于个体变量而非情境变量，与本研究不相符合；有的属于情境变量，但较少有人有类似的表达。在本研究中，上述四类各占总体的比例接近 20%，总体占到 85.5%，代表了绝大多数人的观点。

表 3-1 管理者伦理诱惑的因素构成

管理者 伦理诱惑要素	条目 数量	占总数 的比例	条目举例
人情文化	94	23.5%	帮助朋友；给熟人面子；关系好以致公私不分
他人示范	89	22.3%	大家都在做；行业潜规则；从众心理
领导威权	87	21.8%	上级领导滥用权力；上面要求
制度失效	72	18%	制度已过时；不易被发现；违规成本低

(二) 伦理诱惑因素的界定与特征

在上述访谈与问卷调查的基础上，我们对伦理诱惑这四类因素进行了初步的界定与特征分析，以为下文中的分析与实证研究打下基础。

1. 人情文化

由于我国是一种典型的圈层文化社会(费孝通，2012)，人情、熟人、关系等因素会在较大程度上影响人们的决策。这种影响既具有积极的一面，也可能会带来消极的结果。从积极的角度看，人情文化能为社会提供一种忠诚信任的法则，便于人们更加有序地交往。但是，相比于"圈外人"而言，那些"圈内人"会更容易受到优待。因此，为了"圈内人"(如家人等)的利益，管理者会更易于实施腐败行为。同时，受儒家文化的影响，社会交换、礼尚往来的思想对中国人影响深远。正是这种互惠的法则，导致管理者有时会无意识地实施腐败行为。从当前曝光的案例中可以看出，很多管理者的腐败都是源于他们利用公共权力为家人或熟人谋取私利。

2. 他人示范

此处的"他人"一般是指从事同类工作的合作者(如同事)或竞争者。根据社会学习理论，当行业或组织中有人实施腐败行为时，其他人也可能会学习与模仿该行为。特别是当周围多数人在实施该腐败行为时，观察者会产生一个自我劝说的过程，认为该行为是可以接受的、合理的，进而导致腐败（Ashforth et al，2008）。在本次问卷调查中，很多管理者提及行业潜规则、从众效应等词，认为自己只不过是在跟随行业规则而实施偏差（甚至是腐败）行为。

3. 领导威权

我国是一个高权力距离的国家（Hofstede，1980），人们更能接受权力的不平等，并愿意追随上级的权力。此时，任何组织中的上级所拥有的威信和权力都会对下属造成较大的影响。在实施管理决策时，下级管理者会倾向于遵从上级的命令与旨意。因此，上级要求（如打招呼）就可能会导致下级管理者实施腐败行为，并且，下级可能会将其腐败行为视为一种对上级与组织的忠诚，进而无法察觉到该行为的危害。领导威权为下属实施腐败行为提供了合理的借口。

4. 制度失效

我国当前正处于转型时期，社会文化、经济与政治均在快速发展，各类微观组织也在不断探索新的发展方向。在此新环境下，组织所制定的各类制度如不能及时更新与完善，将会存在较多的漏洞，进而使得管理者钻制度的空子，实施腐败行为。根据媒体的报道，很多公共组织腐败情况被曝光了后，内部的监察部门竟然毫不知情，组织的相关负责人对失效的制度也知之甚少。实际上，对于这些管理者而言，他们认为既然没有制度规定或者存在漏洞，自己实施腐败行为也不应该受到谴责，或者认为自己违规的成本很低，这些都极易诱使管理者腐败行为的发生。

那么，这四类要素具体是由哪些题项构成的呢？它们之间是否存在完备性与互斥性？基于此开发的伦理诱惑量表的信度和效果如何？接下来的研究将为这些问题提供答案。

第三节　伦理诱惑的量表开发

心理学为新构念或者概念的量表开发提供了较为成熟的流程和方法，一般包括探索性因子分析（Exploratory Factor Analysis，EFA）和验证性因子分析（Confirmatory Factor Analysis，CFA）两种，前者主要通过初始条目的收集以及净化，初步形成新构念的测量量表，后者则对该构念作进一步验证。

一、伦理诱惑测量的初始条目

在上文的开放式问卷调查中，研究者共获得了 400 个条目，其中有 342 个是能归入到伦理诱惑的四类要素中。为了了解每个要素的具体题项，研究者又分别对它们在各自的类别中予以排序，选择提及频率较高的词语或表达，并对一些条目进行了归纳、整理，此外还结合已有研究所提供的理论资料作进一步分析。在此基础上，按照规范的量表表述要求进行语言的适当转换，形成了 16 个条目，其具体对应关系如表 3-2 所示。为了便于后面的净化与分析，我们在每类要素的条目前面进行了简单的编码，如 A1-A4。从该表中可以看出，这些条目的指向比较明确，并在概念上有一定的区分度。

表 3-2　伦理诱惑测量的初始条目

管理者伦理诱惑要素	初始条目举例
人情文化	A1　朋友/亲人/熟人求助，碍于面子 A2　曾经接受过对方的帮助，想回馈对方 A3　关系好，公私不分 A4　为了建立良好的人际关系，并扩大自己的影响力

续表

管理者伦理诱惑要素	初始条目举例
他人示范	B1　大家都在这么做 B2　行业/职业潜规则 B3　从众心理，跟随多数人 B4　害怕被孤立
领导威权	C1　上级管理者要求 C2　前任管理者留下来的 C3　上级管理者给予压力 C4　害怕被上级管理者否定与排挤
制度失效	D1　管理制度已过时 D2　违规不易被发现 D3　违规成本低 D4　严格遵守手续会很繁琐

二、伦理诱惑测量的条目净化

(一)程序与样本

为了检验上述测量条目能否聚合到对应的维度上，以及检验该测量量表的信度和效度，笔者在初次调查的基础上，进行了第二次问卷调查。本次问卷调查将上述所有条目都列入其中，并采用 likert5 点法，要求被试者结合自己的实践工作，评价这些条目是否符合自己的工作实际，1 代表非常不符合，5 代表非常符合，数字越大符合程度越高。

本次调查的对象仍然来自 MBA/MPA 课堂，与第一次调查的对象没有任何重复。在下课之余，由笔者或所委托的老师在课堂上宣布本次调查的背景与目的，并特别强调调查的匿名性，让被调查者放心填写。在宣讲时，我们要求被调查者具有管理者的身份，即为某一个团队或某块业务/流程/职能的负责人。问卷当场填写当场收回。综合起来看，本次共计调查 514 人，删除 1 份未填写完整的问卷以及 1 份不按照规范填写的问卷，共收集到有效问卷 512 份。接着，对这些有效的数据进行随机的划分，分成两组，每组 256 份问卷。第一组数据用于探索性因子分析，第二组数据用于后续的验证性因子分析。

(二)数据分析结果

调查分析的工具采用 SPSS 20.0，对这些数据进行探索性因子分析。根据数据结果以及条目含义删除不合适的条目。具体而言，我们采用最大方差法，不限定抽取的因子数量，首先得到的分析结果如表 3-3 所示。

表 3-3 探索性因子分析结果(条目净化之前，N=256)

伦理诱惑结构维度	条目编码	成　分				
		1	2	3	4	5
人情文化	A1	0.045	0.841	−0.049	0.116	−0.016
	A2	0.135	0.828	0.111	−0.027	−0.056
	A3	0.009	0.079	−0.092	−0.151	0.851
	A4	0.022	0.756	−0.037	0.044	0.162
他人示范	B1	0.751	0.118	−0.124	−0.131	−0.195
	B2	0.739	0.118	−0.151	−0.115	−0.236
	B3	0.649	−0.046	−0.076	−0.283	−0.153
	B4	0.269	0.051	0.486	−0.409	−0.143
领导威权	C1	0.475	0.172	0.362	0.096	0.099
	C2	0.079	0.046	−0.809	−0.047	0.045
	C3	0.738	0.067	0.056	0.284	0.244
	C4	0.736	0.102	0.116	0.282	0.313

续表

伦理诱惑结构维度	条目编码	成　分				
		1	2	3	4	5
制度失效	D1	0.783	0.062	0.085	0.039	0.802
	D2	0.782	0.068	0.211	0.010	0.103
	D3	0.738	−0.045	0.053	0.052	−0.057
	D4	0.113	0.133	0.015	0.802	−0.204

从表 3-3 可以看出，这四个维度并没有得到较好的聚合。(1)人情文化。对于该维度而言，A1、A2 和 A4 三个条目聚合较好，A3 因子载荷较低。A3 条目是"关系好，公私不分"，从语义上看，该条目更多反映了管理者受人情文化影响后的结果，而非其他三项关注的诱惑因素本身。因此，将此条目予以删除。(2)他人示范。结果表明，B1、B2 和 B3 三个条目聚合较好，B4 因子载荷较低。B4 条目是"害怕被孤立"，与 B3"从众心理，跟随多数人"有类似的涵义。结合数据结果，删除 B4。(3)领导威权。C1、C3 和 C4 三个条目聚合较好，C2 因子载荷较低。C2 主要关注的是"前任管理者留下来的"，与本研究所提出的直接领导的威权存在差异，予以删除。(4)制度失效。D1、D2 和 D3 三个条目聚合较好，D4 因子载荷较低。D4 关注制度的约束性，严格遵守反而会让管理者觉得繁琐，其内涵仍在强调制度的有效性，而非制度的失效，与该子维度的核心思想存在差异，因此予以删除。在条目净化后，最终形成了一个 12 个条目的初始测量量表。

为了检验这个初始量表的聚合程度，我们仍然在原有数据的基础上，实施了条目净化后的探索性因子分析，分析结果如表 3-4 所示。从该结果可以看出，四个维度具有较好的区分度和聚合度，旋转平方和载入(累积%)达到了 72.188%，结果较为理想。

表 3-4　探索性因子分析结果（条目净化之后，N = 256）

伦理诱惑结构维度	条　目		成　分				旋转平方和载入（累积%）
			1	2	3	4	
人情文化	A1	朋友/亲人/熟人求助，碍于面子	0.033	−0.029	0.842	0.089	20.382
	A2	曾经接受过对方的帮助，想回馈对方	0.067	0.089	0.817	0.114	
	A3	为了建立良好的人际关系，并扩大自己的影响力	0.022	0.025	0.775	0.012	
他人示范	B1	大家都在这么做	0.244	0.810	0.094	0.222	38.291
	B2	行业/职业潜规则	0.272	0.770	0.100	0.209	
	B3	从众心理，跟随多数人	0.209	0.750	−0.075	0.142	
领导威权	C1	上级管理者要求	0.011	0.211	0.113	0.759	55.287
	C3	上级管理者给予压力	0.390	0.225	0.057	0.734	
	C4	害怕被上级管理者否定与排挤	0.414	0.159	0.088	0.780	
制度失效	D1	管理制度已过时	0.757	0.269	0.076	0.290	72.188
	D2	违规不易被发现	0.822	0.219	0.088	0.285	
	D3	违规成本低	0.832	0.297	−0.007	0.066	

注：为了保证编码序号的顺序，此处的 A3 等编码与表 3-2、表 3-3 的 A3 不相同。

三、伦理诱惑结构维度的验证性因子分析

为了进一步检验 12 个条目的伦理诱惑测量量表的有效性，本部分采用验证性因子分析法予以检验。所采用的分析软件为 lisrel8.70，分析结果如表 3-5 所示。结果表明，与其他的结构相比，4 因子的伦理诱惑结构维度

具有更好的测量指数($\chi^2 = 65.14$，$df = 48$，RMSEA $= 0.04$，CFI $= 0.99$，NFI $= 0.97$）。进一步的信度（克隆巴赫系数，Cronbach's alpha）分析表明，人情文化的信度系数为 0.75，他人示范的信度系数为 0.79，领导威权的信度系数为 0.79，制度失效的信度系数为 0.87，伦理诱惑这个概念的整体信度系数为 0.85。这些结果均验证了伦理诱惑的 12 个条目、4 因子结构是有效的、可信的，该测量量表也将在后面的实证研究中予以运用。

表 3-5　结构维度验证性因子分析

因子结构	χ^2	df	$\triangle \chi^2$	RMSEA	CFI	NFI
4 因子模型：A；B；C；D	65.14	48		0.04	0.99	0.97
3 因子模型：A+B；C；D	537.53	51		0.193	0.85	0.83
3 因子模型：A；B；C+D	203.43	51		0.108	0.94	0.92
3 因子模型：A；B+C；D	198.48	51		0.106	0.95	0.93
2 因子模型：A+B；C+D	411.34	53		0.163	0.86	0.85
2 因子模型：A+D；B+C	410.14	53		0.163	0.87	0.85
单因子模型：A+B+C+D	475.62	54		0.175	0.84	0.82

注：A 代表人情文化，B 代表他人示范，C 代表领导威权，D 代表制度失效。

【参考文献】

［1］李彬. 论潜规则文化的道德治理［J］. 伦理学研究，2020（1）：114-121.

［2］费孝通. 乡土中国［M］. 北京：三联书店，1947.

［3］Ashforth B E, Gioia D A, Robinson S L, Trevino L K. Reviewing organizational corruption［J］. *Academy of Management Review*, 2008, 33（3）：670-684.

［4］Bastedo M N. Conflicts, commitments, and cliques in the university: Moral seduction as a threat to trustee independence［J］. *American Educational Research Journal*, 2009, 46（2）：354-386.

[5] Brown M E, Mitchell M S. Ethical and unethical leadership: Exploring new avenues for future research[J]. *Business Ethics Quarterly*, 2010, 20(4): 583-616.

[6] Brown M E, Treviño L K, Harrison D A. Ethical leadership: A social learning perspective for construct development and testing [J]. *Organizational behavior and human decision processes*, 2005, 97 (2): 117-134.

[7] Cianci A M, Hannah S T, Roberts R P, Tsakumis G T. The effects of authentic leadership on followers ethical decision-making in the face of temptation: an experimental study[J]. *The Leadership Quarterly*, 2014, 25 (3): 581-594.

[8] Eisenbeiß S A, Brodbeck F. Ethical and unethical leadership: A cross-cultural and cross-sectoral analysis[J]. *Journal of Business Ethics*, 2014, 122(2): 343-359.

[9] Farh J L, Hackett R D, Liang J. Individual-level cultural values as moderators of perceived organizational support-employee outcome relationships in China: Comparing the effects of power distance and traditionality [J]. *Academy of Management Journal*, 2007, 50 (3): 715-729.

[10] Gino F, Schweitzer M E, Mead N L, Ariely D. Unable to resist temptation: How self-control depletion promotes unethical behavior[J]. *Organizational behavior and human decision processes*, 2011, 115(2): 191-203.

[11] Greve H R, Palmer D, Pozner Jo-Ellen. Organizations gone wild: the causes, processes, and consequences of organizational misconduct[J]. *Academy of Management Annals*, 2010, 4(1): 53-107.

[12] Hofstede G. Culture's consequences: International differences in work-related values[M]. *Beverly Hills*, CA: Sage, 1980.

[13] Johnston M. Assessing vulnerabilities to corruption: Indicators and benchmarks of government performance[J]. *Public Integrity*, 2010, 12 (2): 125-142.

[14] Kish-Gephart J J, Harrison D A, Treviño L K. Bad apples, bad cases, and bad barrels: Meta-analytic evidence about sources of unethical decisions at work[J]. *Journal of Applied Psychology*, 2010, 95 (1): 1-13.

[15] Mooijman M, Meindl P, Oyserman D, et al. Resisting temptation for the good of the group: Binding moral values and the moralization of self-control[J]. *Journal of Personality and Social Psychology*, 2018, 115 (3): 585-599.

[16] Moore D A, Tetlock P E, et al. Conflicts of interest and the case of auditor independence: Moral seduction and strategic issue cycling[J]. *Academy of Management Review*, 2006, 31(1): 10-29.

[17] Sezer O, Gino F, Bazerman M H. Ethical blind spots: Explaining unintentional unethical behavior[J]. *Current Opinion in Psychology*, 2015(6): 77-81.

[18] Weaver G R, Reynolds S J, Brown M E. Moral intuition: Connecting current knowledge to future organizational research and practice[J]. *Journal of Management*, 2014, 40(1): 100-129.

[19] Weber M. On charisma and institution building[M]. University of Chicago Press, 1968.

[20] Welsh D T, Ordóñez L D. Conscience without cognition: The effects of subconscious priming on ethical behavior[J]. *Academy of Management Journal*, 2014, 57(3): 723-742.

第四章 伦理诱惑的现实表现

根据上章完成的访谈、开放式问卷调查以及量表开发可知，在当前情境下，人情文化、他人示范、领导威权和制度失效是我国管理者所面临的具有本土性的伦理诱惑。深入了解这四种类型伦理诱惑在我国的现实表现，有助于对症下药，为提出更具有针对性的反腐败治理策略提供一些有益的启示。

第一节 人情文化

一、人情文化的产生

人情文化已根植于我国社会文化生活之中，讲究人情、面子、关系，已然成为中国人的标签之一。人情作为一种世俗化的文化概念，同其他文化一样，是人们通过长时间的比较和选择后，共同认可和遵循的价值观和行为规范。人情文化之所以能够深入渗透中国人的工作和生活中，与社会形态和主流文化思想有着密不可分的关系。

由于我国长时期处于封闭的农业生产社会状态，以家庭为单位的小农经济在总体经济中占有较大的比重。农业生产无法依靠单个的劳作者完成，需要多个人之间的相互配合与相互协作，而人与人之间最持久稳定的组合是家庭成员或家族成员之间的组合。小农经济把以血缘关系为纽带的家庭成员紧紧联系在一起，形成最初的、最常见的关系。随着人类社会的不断发展，家族演变为社会，社会形成国家，从而派生出其他各种关系，人情文化便逐渐在这些关系中应运而生。

我国古代主流文化思想——儒家思想，也是围绕人与自身、与他人、与社会、与国家之间的关系来探讨伦理道德问题的。建立在血缘关系之上的关系，是儒家思想中其他关系建立的基础。譬如，"君君臣臣父父子子"，以家庭中父与子的关系来类比君臣之间的关系，"将原本不存在血缘联系的人与人、人与国家及人与社会之间的关系赋予类同于血缘联系的特征、属性和形式"（李伟民，1996）。梁漱溟先生提出的"伦理本位"，同样也阐述了儒家伦理文化的关系和人情。他认为："人与人之间是依靠情谊联系起来的，全社会的关系是从家庭伦理道德关系扩展开来的。"重视人与人之间的情谊，即重视"人情"；特别重视家庭伦理道德，即在普遍搞好人际关系的准则下，特别注重搞好与自己亲近的人的关系。正是由于这些社会文化原因，中国人在做出决策和行为时除依照"理"以外，还特别重视"情"。

二、人情文化的内涵

对于人情文化的准确定义，目前普遍采用的是学者李伟民的观点。学者李伟明（1996）提出，人情有 3 个层次的含义。最浅显的含义是人的情感，即人们常说的喜怒哀惧。第二层含义是指人与人之间交往互动过程中应该遵循的准则，"人情世故"中的"人情"就是指与人相处的方法、道理和经验。第三层含义是指与人交往过程中用于交换的物质或非物质资源。这里的物质资源包括价值不等的礼物、礼金等；非物质资源包括做出某种承诺，给予某些无形的帮助和支持等。中国人常说的"还人情""还礼"中的"人情"和"礼"就是这个意思。我们通常所说的人情，是指人情的后两层含义。

人情通常与"关系"密不可分。根据学者费孝通（1947）提出的"差序格局"理论，每个人都以自己为中心向外形成关系网络，就像把一块石头扔进湖水里，以石头为中心，周围形成一圈一圈的波纹，波纹离中心越近，关系越亲；离中心越远，关系越疏。在关系网中，由于关系亲疏不同，建立关系的目的不同，维持人情关系的投入和互动频率也有所不同，关系越亲，互动越多，为对方投入的越多，要求的回报越少；关系越疏，互动越少，在投入前越会考虑自己是否会得到对等的回报，甚至是比投入更多的回报。例如，中国人遇到身边的人嫁娶等"喜事"要"随份子"。关系越亲，随的"份子"越多；关系越疏，随的"份子"越少。学者黄光国（1985）进一步指出，关系分为情感性关系、混合性关系和工具性关系。情感性关系的建立是为了满足个人情感方面的需要，获得安全感、归属感等；而工具性关系的建立是为了获得对方拥有的某种资源，即把双方关系的建立当做获取资源的工具；混合性关系建立的部分原因是为了满足情感方面的需要，除此之外，双方或关系的某一方还期待能够在交往互动中获得所需资源。通常我们与亲人和亲密的朋友之间建立的关系大多属于情感性关系，和同事、同学之间建立的关系大多属于混合性关系。

三、人情文化对腐败的影响机制

Johnston（2010）认为"腐败是嵌入于社会环境之中的，这种社会环境既是腐败的结果，又有助于维持这种腐败"。人情文化即属于社会文化环境的一种，它既为腐败提供了借口，又成为腐败的工具之一。学者杜晓丽（2010）认为，"关系网是腐败产生和蔓延的温床"；金爱慧（2012）认为，"传统人际关系日渐发展成交换性的工具关系，从而为腐败滋生提供了便利条件"；谭志坤（2017）指出，人情影响着中国人的方方面面，人情因素是导致腐败的主要因素之一。费定舟、刘意（2018）通过研究将人情这一概念划分为情感（如，"与人交往时，我很在意他人的感受"）、资源（"要想以后能办好事，先要把关系网织好"）和规范（如，"人家敬我一尺，我就敬人一丈"）。他们通过问卷调查还发现，人情中的资源这个维度与腐败意愿具有较强的正相关性。

学者的这些研究表明，人情往来、关系运作在腐败过程中起着助推的作用。此时的腐败过程涉及请托方和受托方。学者黄光国（2005）将人际互动的双方界定为请托者和受托方。请托方需要利用受托方的权力，满足自己某方面的需求，例如获得某个职位、快速实现某个目标；受托方拥有某种权力，这种权力的使用决定了受托方的需求能否被满足。一旦受托方答应请托方的要求，使"情"先于"理"，只讲情而不讲理，不公正地使用了权力，就产生了腐败行为。对于人情关系类型不同的请托方，受托方实施腐败的原因也各自不同。

如果双方建立的关系偏向于情感性关系，请托方向另一方提出自己的诉求时，受托方出于情感方面的考虑，希望对方能够得到某种资源或某些利益，以使其发展得更好或生活得更好，因此，受托方倾向给予对方更多机会和帮助，一旦帮助成功，双方的关系会更加紧密与和睦。相反，如果拒绝对方的要求，就是不给对方面子，在亲朋好友面前留下不近人情的印象，甚至造成家庭不和睦、朋友不往来的后果。因此，明知自己的行为是不合理、不合法的，受到上述原因的影响，受托方也会冒险去实施腐败行为，并且，双方的情感性关系越强，受托方实施腐败的可能性就越大。

如果双方建立的关系是偏向于工具性关系，双方在交往中往往会心照不宣地使用对等性原则，即在交往中要求对方给予自己同等价值的回报。一方提出自己的诉求，并给予对方一定的礼物、礼金或其他好处，此时的礼物、礼金等一般不会以行贿物标的的名义送出，请托人也不会直接地、公开地告诉对方送礼的目的是为了交换对方手中的权力。在中国传统文化中，送礼物本是表达礼节和礼貌的一种方式，但礼物礼金和行贿物之间的界限比较模糊。送礼表面上是为了维系双方之间亲密的关系，表达自己的友好感情，实际上则是为了贿赂对方达到自己的目的。请托方这样做，会减轻受托方的心理负担，会通过道德表演给对方造成一种我并不是在行贿的假象。除了礼物和礼金的诱惑，受托方同样也会考虑请托方的社会圈子和社会地位，并把这些作为一种无形的资源。如果自己答应了对方的请求，给对方面子，自己也就相当于与对方的关系更近了一步，对方的圈子和地位日后就能够为我所用，给自己带来好处。反之，如果拒绝了对方，就相当于拒绝进入对方的圈子，一旦日后有求于对方，对方很可能也会拒绝自己。一般来说，对方的社交圈子越广，社会地位越高，受托人产生上述的顾虑就越多，因此越难以拒绝对方的要求。

如果双方尚未建立起关系，而请托方又需要对方的帮助，这时往往会找到一个既认识这一方，又认识对方的人当做中间人，陪同请托人通过上门拜访或者饭局等方式认识对方，与对方建立关系，再重复上述工具性关系运作过程。此外，还有一类人热衷于扩大自己的社交圈，未雨绸缪，善做人情投资，通过请客、送礼等方式与暂时没有利益关系的人建立关系并保持联系。一旦日后有求于对方，对方往往会因为物质和精神上的双重亏欠感，答应请托人的要求。

由于中国人有着很强的回报观，讲究"礼尚往来，投桃报李"。对于他人的恩惠，无论大小都必须加以回报，否则会被视为无情无义之人。一旦请托方通过人情关系运作使受托方做出了腐败行为，并成功达到自己的目的，受惠方往往会再次通过礼物、礼金、请客吃饭或利用自己的其他社会关系来帮助对方等方式感谢对方，让对方心理上再次感到亏欠。在这样一次次的互动往来中，双方陷入了情感回报的循环。在许多腐败案例中，行贿者和受贿者在交往初期并不涉及权钱交易，经过一段时间的交往，权钱交易从无到有，从小到大。在夹杂着金钱利益的情感回报循环中，受贿方腐败的程度越来越深，涉案金额也越来越大，此时再想抽身为时已晚。综合上述分析，人情文化为腐败设置了一个无形的环境与规则，让身处其中的管理者往往难以凭借个人的力量去破坏或改变该规则，进而可能会无意识地实施腐败行为。从治理的角度看，要充分认识到人情文化作为伦理诱惑因素之一所产生的影响力，应在社会层面营造正确的人情文化，并在组织内通过培训、教育等方式让管理者正确认识人情文化，这都将有利于减少与预防腐败的发生。

四、典型案例剖析

在下面的案例中，李涛从人情往来中开始逐渐走向腐败，人情文化的影响以及他对人情的错误认识加剧了他的腐化过程，从而走上了自我毁灭之路。

跌倒于"人情往来"的李涛

2014年4月15日，黑龙江省农垦总局党委副书记李涛，因其担任伊春市委常委、伊春市组织部长和黑龙江省农垦总局党委副书记期间，先后非法收受和索取了23个来自个人和单位钱款116万元人民币，101名干部的礼金276.6万元人民币，以及500万元无法说明来源的钱款，而被开除党籍、开除公职，并移送至司法机关。

李涛腐败的消息震惊了许多人，在大家的印象中，李涛是一个为人正直、勤恳并且做事一丝不苟的人。他在任职期间，成绩斐然。在他的领导下，伊春市组织部改变了长期落后的局面，他也因此多次获得上级党组织给予的荣誉。这样一个求上进、作风严谨的人究竟是如何一步步走向堕落的呢？

在其任职初期，李涛对送钱送物者是很反感的。过年过节等送礼的高峰期，他都尽量不接电话，让送礼者无机可乘。有一些硬塞给他的礼金实在躲不过，就事后叫人送回去。在2004年春节的前几天，××县委组织部一名干部孙某某找上门来。李涛推辞不过，收下了孙某某送来的3000元礼金。在此后很长一段时间里，李涛心里一直忐忑不安。但由于3000元并不是一个大数目，不能说是贿赂，并且孙某某并没有提出让李涛以权谋私为其办事。李涛说服自己，这不过是过年过节人际交往而已。他逐渐放松了警惕，也放松了对自己的要求。对方见其有所松动，在此后7年间，先后9次向李涛送礼，共计4万余元。

渐渐地，尝到甜头的李涛心理防线越来越低，收受别人钱款的金额越来越高，胃口越来越大。由于他任职组织部长，掌握着选人用人的权力，那些资格不够的人想得到某个职位或希望升迁，就找上门来，披着人情的外衣用钱换取职位。此后，不满足于别人贿赂的李涛甚至开始主动索取钱财。2008年，李涛以需要购买照相器材为由，向时任黑龙江南岔区党委副书记林某某索要10万元人民币。他最终得到钱以后却没有用来购买照相器材而是揣进了自己的腰包。

就这样，以人情往来为借口的李涛逐渐走上了一条自我毁灭的道路。

（作者：樵夫　筱文　萧萧。引用有删节。来源：http://fanfu.people.com.cn/n/2014/1021/c64371-25879225.html；http://heping.tjjw.gov.cn/show-602-109-1.html。）

该案例是一起典型的公职领导腐败案。在媒体曝光的李涛忏悔录中，他重点提到了从逢年过节收礼到主动收钱办事、将违法违纪视为正常的人情往来等细节。在许多行贿受贿的案例中，很多受贿人跟李涛一样，起初对腐败是嗤之以鼻的。之所以走上腐败的道路，原因在于他们没有把送礼和贿赂正确地区分开来。"送礼＝贿赂"吗？"送礼"与"贿赂"其实是有区别的。送礼乃发自内心地表达对对方的情谊或祝贺，是不含有任何目的也不要求任何回报的，所送礼物一般是价值小但对双方来说意义大的东西。而行贿却是带有目的性的，行贿的人盯上的是对方手中的权力。他们送的礼物或者礼金价值高，送礼的理由往往很牵强。在与孙某某的交往中，李涛所犯的错误在于他没有认清或者不愿承认与孙某某的交往表面上是情谊往来，实则是利益往来的关系。在自欺欺人的过程中，李涛以收礼的名义心安理得地接受了他人的贿赂。

对许多腐败案件的当事人来说，往往是一次让步，导致以后的次次让步。"千里之堤毁于蚁穴"，一旦开了腐败的头，再想结束就难了。从李涛第一次收受孙某某的礼金时心里发慌，到最后主动向别人伸手，正是因为他一时的放松，导致在腐败的道路上越走越远。如若当初他不跨出腐败的第一步，结果是否会有所不同呢？

在高压反腐的今天，直接的行贿受贿行为越来越少，打着各种幌子、利用五花八门的手段掩盖行腐败之实的现象却仍然存在，这些腐败行为带有极强的隐蔽性，令人难以分辨。2018年新修订的《中国共产党纪律处分条例》规定不能收受"可能影响公正执行公务的礼品、礼金"；不能收受"明显超出正常礼尚往来的礼品、礼金、消费卡等"。这对于公务员人情腐败具有较强的威慑与遏制作用。不过，正如彭媛(2018)所呼吁的，"整治人情腐败关键在于制度细化"。在今后的实践中，如何更好地辨明对方是否会影响公正执行公务、确定"明显超过正常"的界限等，是需要我们进一步思考的问题。①

第二节　他人示范

一、他人示范与模仿跟随

在个体与他人的交往互动中，当个人自觉或不自觉地模仿或跟随他人做出同样或者类似的行为时，就形成了"他人示范"效应。例如，已经过了下班时间，大多数同事却仍然在自己的位置上工作，那么你很有可能也会选择留下来继续工作。在这个例子中，"同事下班后仍继续工作"这一行为就形成了一种"他人示范"，引起了个人的模仿跟随。并非所有的示范行为都会导致模仿跟随，是否模仿跟随取决于社会、文化、心理等因素。

班杜拉(1977)的社会学习理论指出，人的行为，特别是人的复杂行为主要是受后天环境的影响而习得的。人的行为习得是通过两种方式实现的，一种是直接经验的学习，也就是对自我直接经验的反应；另一种是间接经验的学习，也就是通过观察示范者的行为而习得。模仿者是否能够经常表现出示范行为取决于该行为引起的结果。当模仿者观察到示范者做出的行为能够给示范者自身带来某种好处时，模仿者自己也倾向于做出示范者的行为，这是一种替代性强化；当模仿者实施了习得的行为，并使自己达到了某种目的或获得了某项奖赏，他/她更有可能重复实施习得的行为，

---

① 考虑到本书关注的管理者对象不仅仅是公共组织中的领导者，还包括其他组织中拥有权力的管理者(如企业的高管)，如何进一步明确腐败的界限对于其他企业组织来说也至关重要。

这是一种自我强化。通过替代性强化和自我强化，模仿者能够加强或者维持自己习得的行为。

根据信息传递理论（Bikhchandani et al，1998），拥有信息的一方依靠某种方式（语言、动作等），向信息缺乏的一方传递信息，信息缺乏者接到信息以后做出决策或行为。在信息不完全的环境下，个人将会理性地按照与前人相同的方式行事，以节约信息成本（陈刚，2013）。例如，设想一个走在大街上的人，当他发现周围的人都四散而逃时，虽然他不了解情况，但为了避免前方可能存在的危险，他也会跟随人群跑动。

此外，儒家思想中的中庸之道千百年来影响着中国人的思想和行为方式。"木秀于林风必摧之，堆高于岸流必湍之"，"不说出格的话，不做出格的事"成为许多中国人的为人处世法则。此外，中国是一个高集体主义文化的国家，提倡个人利益服从集体利益、局部利益服从全局利益。因此，模仿跟随很容易成为中国人的优先决策选择。相反，当某个人的行为与集体中其他大多数成员的行为相异时，个人会感受到来自集体的压力。为避免被指责为标新立异、不合群以及被集体孤立，个人可能会放弃自己的主张，并跟随集体内其他人一起行动。正是基于上述原因，他人示范可能会产生模仿跟随效应。

二、影响模仿跟随程度的因素

当观察到示范行为时，个体经思考后会决定是否模仿以及模仿到何种程度，这些包括：某些个体选择不模仿示范行为；某些个体只选择模仿示范者的部分行为，模仿程度小；某些个体全盘模仿示范者的行为，模仿程度大；某些个体只简单模仿示范行为，但心理上对示范行为并不认同；某些个体从内心接受和认同示范行为，自觉自愿做出模仿行为。影响模仿程度的因素主要包括行为的结果、示范者和跟随者的身份和地位以及示范者的人数等。

个体是否采取模仿示范行为取决于该行为能否给自己带来有利的结果。一个理性的经济人会考虑成本收益，当某种行为的收益超过其成本，才会选择采取行动。成本收益分析是一个主观的思考过程，其结果会因为个体思考的角度不同而有所不同。例如，某些示范行为可能会在短期带来利益，而从长期来看不能获取利益。如果个体从短期角度思考，就会采取模仿行为；从长期角度思考，则不会采取模仿行为。

在其他因素不变的情况下，示范者和跟随者的身份地位会影响模仿跟随的程度。正如 Driskell 和 Mullen（1990）所指出的，当示范者是权威人士时，其行为会有较大的影响力。个体在群体中的地位越高、资历越深或经验越丰富，就会越具有权威性。地位高的成员主要依靠自己的专业知识和经验来判断事物，因此不容易屈服于群体的压力。而地位低的成员无论是专业知识还是社会经验都较少，其主要工作是执行上级命令而较少做出决策，他们习惯于听从集体中他人的意见和要求，容易受他人影响。

根据著名的"阿希实验"，① 人们的从众行为与人群数量有关。在一个群体中，当采取同样行动的人数从无到有，从少到多，个人采取同样行为的可能性会逐渐提高，直到人数达到或超过某一数值，个人产生跟随行为的概率会稳定在某一水平。由于每个人的知识储备和社会阅历不同，思考问题的方式和角度有所不同，多数人的意见能够从多角度、多层次反映问题，突破了单个人认识的局限性，可能会更加符合客观实际。同时，多数人采取相同行为，有利于共同承担责任，减轻个人承担责任的风险。基于以上因素，当实施示范行为的人数越多时，个体采取模仿行为的可能性会越大。

三、他人示范对腐败的影响

从行为伦理的角度看，腐败行为是一种不道德行为。因此，当他人的示范行为是腐败行为时，这种示范行为应该受到大众的抵制甚至是揭发，而非导致模仿行为。从行为后果来看，一旦腐败行为败露，不仅会被没收

---

① 阿希实验是指由美国心理学家所罗门·阿希在 1956 年所开展的一个有关从众现象的经典实验研究。

所得财物、失去工作，破坏自己的声誉和形象，甚至会带来牢狱之灾，造成不可挽回的后果。为避免使自己陷入此种情境，个人一般会选择不做出腐败行为。但在实际生活中，腐败等犯罪行为具有明显的传染和示范效应（Manski，2000；文鹏，2016）。个人明知腐败行为是不道德、不正确的，受内外部因素的共同影响，可能仍然会选择跟随他人做出腐败行为。

潜规则是导致个人做出跟随性腐败行为的原因之一。学者张新超（2016）等认为："一个腐败普遍存在的社会中，虽然法律及道德所规定的命令性规范都否定腐败行为，但因为腐败的流行使得其本身因为在某种程度上变成了描述性的规范而获得了某种'合宜性'。"在此种情况下，由多人示范的腐败行为成为组织内常态，即以该行为获得利益继而导致腐败成为一种潜规则。这种潜规则的存在，一方面使遵循潜规则的人获得了利益，不遵循该潜规则的人无法获得此种利益。例如，某组织内大多数销售人员通过私下给客户回扣的方式完成任务指标，提升了自己的工作业绩，进而带来职位的晋升与报酬的提高；而选择不给客户回扣的销售人员则失去了这些机会。由于产生不公平感，或出于由潜规则带来的利益诱惑，一开始拒绝给客户回扣的销售人员可能会效仿其他销售人员，屈从于潜规则。另一方面，在组织内部的潜规则运行过程中，当事方为了隐蔽这种私下交易，会规避正式规则，这必然要达成与正式规则相对抗的联盟，并形成一个由不同层级的权力和非法利益交织而成的利益集团（李菁毅，2005）。在潜规则盛行的利益集团中，不遵守潜规则的成员会给利益集团的非法交易带来风险。为避免这种风险，已加入利益集团的成员会千方百计拉拢尚未加入的成员。如该利益集团的势力过于强大，他们甚至会对拒绝加入利益集团的其他成员进行威胁和惩罚，受此压力，尚未加入者会遵循利益集团内部的潜规则进而跟随性地做出腐败行为。

从众心理是导致跟随性腐败行为的另一重要原因。从众心理是指个人的思想或行为在受到所在群体及社会环境有形无形的影响或压力的情况下，放弃自己的观点或行动，并保持与群体的一致。学者邱章铭（2011）认为："从众心理会对某些不良社会现象起到催化剂的作用。"在个人观察到他人实施了腐败行为，特别是组织中多人采取相同操作方式实施了腐败行为或组织内某个权威人士实施了腐败行为时，个人的心理可能会发生多种变化。一方面，他会认为大家都采取相同方式获得了利益却没有受到惩罚，说明这种腐败方式不容易被发现，或者说腐败行为败露的可能性较小。即使败露，由于法不责众，自己也不会受到严重的惩罚。另一方面，若周围大多数人从腐败行为中获取了利益，个人在与他人进行对比后，可能产生心理不平衡，感到不公平，从而也参与到腐败中。此外，若一个组织或团体中腐败现象泛滥，人们因腐败而产生的内疚感和负罪感会降低（陈刚，2013），从而对腐败的接受程度提高。如果个体与组织内大多数人或自己的领导、上司的行为背道而驰，可能还会遭到组织内他人的报复，导致自己的工作难以开展。综合以上分析，当组织中出现腐败行为并形成示范效应时，观察者个体可能会采取跟随的方式去实施类似的行为。

四、典型案例剖析

近些年，媒体不断曝光集体腐败、窝案等现象，导致该类现象发生的一个重要原因是集体内成员的相互学习与效仿。下面的案例很好地印证了他人示范对腐败形成的影响。

深圳海关腐败案剖析

在深圳盐田区检察院反贪局进行的突击行动中，办案人员在深圳沙头角海关旅检四科办公室，当场查获现金108万元。现金是按信封装好的，信封上注明了"分赃"人员的姓名及金额。经调查，办案人员发现旅检四科与走私分子共同参与，打造了一条"分工明确""管理科学"的腐败链条。海关人员按走私车辆过关次数收费，不同载货量的车收费标准不同。驶出沙头角边境特别管理区时，走私车辆以小轿车1200元/次、商务车1500元/次的标准向该科缴纳"好处费"。放纵走私已然成为一项产业，并形成了固定的流程。在该科负责人郑小梧的统一安排下，科室人员总共分成三个组，每个组在值班期间按照给定的走私车辆名单放行车辆，走私车辆只能在自己联系的那组关员当班时走私货物。收上来的赃款根据各自岗位所承担的风险分配：按闸放行的关员每次分得500元，当班副科长每次分得300元，该科负责人每次分得200元，其余200元作为科室经费。他们还建立了详细的清单并定期结账。查获的物证显示，该科详细记录了行贿人记录的走私清单，列明了放行日期、放行次数、好处费金额。行贿款每10天结算一次，当天查获的108万元中的70万，只是10天的赃款。

　　经过调查和记者的采访，部分涉案人员并非一开始就主动自愿实施放纵走私行为，而是在科室小环境的影响下，逐渐同流合污。在回答腐败的原因时，科员们的回答颇具无奈意味，"我比较反感，但整个科都在做，我不做就很另类，就会被边缘化。有些车又是领导的关系，我也不想将关系搞僵"；"我刚开始不敢收钱，心里对这个事情是有明确认识的，但是身处其中，耳濡目染，也就慢慢接受了"；"人活在集体中，是需要认同感的"；"不参与这个腐败的圈子，你会感到和其他的关员很难相处，因为你被划在圈外，你就是独自一个人"；"大家都这么做，我做也没关系"。在这些压力之下，有的关员刚调来一个月，就主动加入腐败的行列；有的关员虽然即将退休，也一样晚节不保，被腐败所侵蚀。

　　（来源：http://city.shenchuang.com/city/20150415/171611.shtml。）

　　深圳海关旅检四科是中英街口岸的"守关人"。由于特殊的地理位置，中英街一边是香港，一边是深圳，大量走私分子企图买通海关官员，走私港货至内地。很明显，此地海关人员是腐败的易感人群。旅检四科"明码标价"的收赃机制也不是一天形成的，中英街社区居民反映，沙头角走私由来已久，"最猖獗的时候，好多车停在路边，在我们眼皮子底下装货，但举报总是石沉大海"。明知此地海关是腐败的易感人群，为何任由其存在了如此长的时间？原因除了监督不到位外，还在于抱团腐败形成了紧密团结的利益集团。在此案中，负责人千方百计地将几个环节的工作人员紧紧捆绑在一起，共同对抗正式规则。利益集团中每个人只参与其中一环，且每次涉及的金额不大，风险较小。这些因素都增大了查处难度，也使受贿关员更加无所顾忌。

在深圳海关旅检四科的腐败案中，大部分的当事人认为自己是被迫屈从于潜规则的。诚然，潜规则会给当事人带来压力，但正如前文所述，当事人对腐败成本和收益的权衡决定了其是否会腐败。在此案中，大多数被迫服从的关员仅从眼前利益来考虑问题，认为不服从就会受到组织排挤和惩罚，从而认为"我腐败是没办法的选择"。然而，若从长远角度来考虑，"常在河边走，哪有不湿鞋"，腐败行为知情的人如此之多，性质如此之恶劣，受到法律的惩罚几乎是必然的事。如果该科成员意识到这些，还会认为自己只能接受潜规则吗？同样，如果人人自危并守住底线，行业潜规则就难以形成。

第三节　领 导 威 权

一、领导威权的含义

根据学者周三多（2014）的观点，领导者拥有影响追随者的能力或力量，它们既包括组织赋予领导者的正式职位和权力，也包括领导者所具有的个人魅力和影响力。

根据上述观点，领导威权中的"权"一般是指组织赋予领导者的职位和权力。它包括决策权、组织权、指挥权、人事权和奖惩权等。以人事权为例，它是指领导者对组织内部人员的选拔、录用、培训、调配等的权力。例如，在任何一类组织中，领导对于其下属的晋升都具有较强的影响力，该权力的使用将直接影响下属的切身利益。上述这些组织赋予领导者的法定权力只与领导者的职位有关，领导者的职位发生变化，则这些法定权力也会发生变化。对于这些权力，一般而言，下属需要服从，否则会被视为违反组织制度和规范而受到组织惩处。因此，领导者的这些法定权力具有暂时性和强制性。

领导威权中的"威"更多是指领导者个人所特有的魅力和影响力，也即领导者的威信。20 世纪初，德国社会学家韦伯（Max Weber）提出"charisma"，即魅力这一概念，意指领导者对下属的一种天然的吸引力、感染力和影响力。领导者的这种魅力是通过个人在工作中表现出来的道德品质、丰富的学识、个人专长和特殊技能建立起来的。"对被领导者来说，这种个人威信带来的影响表现为吸引力和感召力，即对领导者的尊敬、信赖、钦佩，并且自觉自愿、心悦诚服地接受领导，不具有任何强迫执行的色彩"（陈志刚，2011）。因此，这种影响具有主观性、长期性和差异性。

领导者权力和威信对下属的思想和行为都会产生一定的影响，但对下属影响的方式和程度不同。权力和威信是相辅相成的关系，法定权力为领导者威信发挥作用提供保障，领导者的威信为法定权力的实施减少阻力。

二、领导威权的运行机制

领导威权的运行机制阐述了为什么领导威权会影响到下属以及哪些因素会影响到上述过程，其大致包括以下三个方面：

第一，中国传统文化的影响。首先，根据霍夫斯泰德的研究，我国是一个高权力距离的国家。在高权力距离的社会中，人们对权力有更强的尊重感和敬畏感，也更愿意追随领导者的步伐。此时，领导的威权对下属的影响会更大。在过去，已有大量的实证研究表明，无论是身处高权力距离的文化环境中，还是针对高权力距离的个体，[①] 他们都会对各种领导行为产生更强烈的跟随与响应（Lin et al，2018；Kirkman et al，2009）。

其次，我国民众的传统性普遍较高。传统性（traditionality）是中华民族所特有的文化价值观，它是指个体对于中华民族传统价值观念的认可，主

---

① 最近的研究发现，即使是在同一个社会文化环境（如高权力距离）中，不同的个体之间也会存在权力距离导向（power distance orientation）的差异。

要包括：遵从权威、敬祖孝亲等（杨国枢，1993；Farh et al，1997）。受现代因素的影响，中国人在传统性上存在一定的差异性。对于传统性较高的个体，他们对于上级领导、长辈等会有更强的尊重感和认可度，在他们心中，等级、辈分、长幼等占据着较为重要的位置。具体的测量题项中也比较好地反映出以上特征，典型的量表包括："如果因事争执不下，应请辈分最高的人主持公道"、"领导等于是大家长，一切事情都应听从他的决定"等。传统性为领导威权的发挥起到了比较重要的作用。

最后，集体主义文化也为领导威权的运行提供了促进作用。中国是一个典型的集体主义文化国家，集体主义提倡牺牲个人利益、维护集体利益。组织内领导者往往被视为集体利益的代表，其决策和行为是为集体利益服务的，需要下属员工服从与配合。因此，在这样的社会制度和文化氛围下，不论在家庭还是社会组织中，对于地位比自己高或权力比自己大的人，个体倾向于服从与跟随。此时，领导威权对组织中员工的影响力会更大。

第二，社会互动的影响。根据社会互动理论（social interaction theory），在正常的社会系统里，表面上看似独立的个人行为之间实际上存在着明显的相互影响。学者陈刚（2013）认为："享有不同权威的个人，其行为对他人的影响很可能是有差异的。"学者黄红平（2014）提出："在一个组织中，社会地位高的人的行为往往成为社会地位低的人学习、参照和仿效的榜样，并且前者的榜样行为会大大加强后者的模仿动机，促使仿效行为的形成。"下属往往认为上级领导者比自己更有经验，决策也更正确，因此自觉自愿服从和跟随上级领导的行为。

第三，组织内忠诚要求的影响。忠诚是任何组织内员工职业道德的基本要求，它有助于员工更高效地完成工作。以行政忠诚为例，行政忠诚是指行政主体在组织和管理国家事务、社会事务、机构内部事务过程中，对所在行政组织、行政领导、上级权力主体和更高价值主体的服从、尽责和尊崇（方一帆，2011）。行政忠诚有利于行政组织更好地得到运转。不过，在现实情况下，行政忠诚可能会存在一些困境，表现为上级领导的要求可能会与道德、法律相矛盾，员工会陷入忠于上级领导，还是忠于大众利益的两难境地。在非行政组织中，也存在此类忠诚困境问题。例如，在一家企业中，当销售经理暗示甚至是要求销售员将有质量问题的产品卖给顾客时，销售员可能会在忠于顾客与忠于经理两者之间陷入困境。此时，若组织一味强调对权力的服从和对组织的忠诚，那么下属员工可能会盲从上级领导而做出违背道德和法律的行为。

三、领导威权对腐败的影响

《淮南子》中有句名言："人主诚正，则直士任事，而奸人伏匿矣；人主不正，则邪人得志，忠者隐蔽矣。"这句话说明领导者的行为对下级行为起着示范作用。近年来，多名学者就领导者腐败行为对下级行为的影响这一问题进行了讨论。学者 Carvajal(1999)的研究表明："领导者的清廉声誉是影响组织内部腐败数量的重要因素。"学者谭亚莉(2011)等认为："管理者是组织腐败进程中的关键角色，他们的非伦理行为危害了组织伦理氛围和长期绩效。"学者过勇(2012)认为："一旦一个地区的一把手有腐败行为，有可能整个领导班子都会受到腐蚀。"当领导者的腐败行为需要下属协助，或领导者为了避免下级对其腐败行为进行举报，领导者会要求、暗示或说服下级对其腐败行为给予支持和帮助。这种支持和帮助表现为：领导要求下级给予其贿赂以换取职位晋升或其他好处；领导要求下级与其合伙共同贿赂组织以外其他人从而使组织获取某种利益，例如通过给予其他组织成员回扣扩大自己公司产品销量；领导借用下级的执行权为他人进行违规操作，例如高层管理者要求人力资源部某成员招聘某个不符合要求的人员等。此时，被领导者即使排斥腐败行为，但出于种种压力和顾虑，或由于处在某种特殊情境之下，下属往往选择服从上级要求。

领导者具有组织给予的法定权力，为保证组织能够顺利、高效地运转，上级下达的任务，下级需要积极完成。对于领导者的决策和要求，下级有提出异议的权利。但由于领导者在管理经验和能力上一般要高于下级人员，因此，对于领导的要求，下属多数情况下会服从。当下属人员养成服从的习惯以后，只要领导者的要求未触及其底线，下属人员会机械性、习惯性选择服从。此外，上级领导的法定权力包括决策权、组织权、指挥权、人事权和奖惩权，一旦下属拒绝与上级共同实施腐败行为，考虑到上级可能利用手中的权力对其进行打压和报复（例如，领导者在对下级的考评中故意给予等级较低的评价；分配任务时给该下属分配难以完成的任务等），为避免这种情况发生，下属可能会被迫同意协助上级从事腐败行为。

　　除上级逼迫式腐败以外，受某些心理因素的影响，下属可能会自觉自愿地服从上级的要求。根据认知失调理论（cognitive dissonance theory），当人的行为与自己先前一贯对自我的认知产生分歧时，会产生不舒适感和不愉快的情绪。个人可以通过两种方式来改变或减轻这种负面情绪，一是停止当前行为而不改变先前认知，二是改变先前认知使新的认知符合当前行为。由于下属难以拒绝上级领导的要求，在这种情况下，下属只能通过改变自己对腐败的认知来减轻自己的负罪感，为腐败行为找到理由和借口。"为公无过"的心理，是导致下级服从上级腐败行为的借口之一。这种心理主要表现为"利用公权谋取地方利益、团体利益和单位利益，而损害的却是人民利益、国家利益和民族利益"（陈秀梅，1998）。此时，上级领导的要求从表面上看不是为了个人私利而是为了组织利益和集体利益，下级员工并没有把上级的行为当成腐败行为。因此，在接到上级不正当要求和暗示时，不仅不认为自己违反了道德和法律，反而觉得自己服从上级的行为是忠于领导、忠于集体，甚至由此产生一种扭曲的集体自豪感，因而主动配合上级实施腐败行为。对上级领导者的崇拜心理是导致下属员工主动跟随领导者从事腐败的另一重要原因。由于上级领导者通常比下属员工能力更强，工作更出色，所得报酬也更高，因此，很容易成为下级员工的模仿对象。为提高自己业务能力和综合素质，下属员工不仅会学习上级领导者所拥有的专业知识，还会观察模仿领导者其他言行，包括领导者腐败思想和腐败行为。当领导者实施了腐败行为并从中获利时，下级员工甚至会产生"崇腐心理"，认为能够利用手中的权力换取利益是一种特权。特别是当上级向下属员工炫耀自己通过腐败获取到的金钱和物质利益时，下属员工会对上级锦衣玉食、纸醉金迷的生活产生向往，从而难以抵御腐败带来的利益诱惑。于是，下属员工便欣然接受上级要求并伙同上级实施腐败行为。特别是在某些组织结构中，上级是下级的唯一监督者，在这种情况下，"上下级之间很容易出现腐败的合谋"（吴一平，2005）。下属认为自己的腐败行为受到了领导者的庇护，腐败行为风险较小，因此更放心地实施腐败行为。

此外，领导者特别是一把手的领导风格对组织文化氛围具有一定的影响。根据"破窗理论"，如果有人打坏了一幢建筑物的窗户玻璃，而这扇窗户又得不到及时的维修，别人就可能受到某些示范性的纵容去打烂更多的窗户。当某组织领导者对腐败行为采取睁一只眼闭一只眼的态度，对利用不正当手段提高绩效等行为没有明确表示制止和反对时，腐败行为就会在组织内部蔓延，导致整个组织沉浸在松散腐化的氛围之中。长期受这种腐化氛围的影响，下属员工便对腐败行为不敏感，甚至主动接受。此时，当上级领导要求下级员工对其腐败行为给予支持时，下级员工接受的可能性更大。

四、典型案例剖析

几乎在任何的组织中，都会存在领导威权的使用现象。它在影响下属正常工作方式的同时，也会带来潜在的腐败问题。下面两个案例分别来自企业和医院，均反映了领导威权对腐败形成的影响。

原武钢董事长邓崎琳的"带头"腐败

原武汉钢铁（集团）公司是中华人民共和国成立后兴建的第一家特大型钢铁企业，它一直是湖北乃至全国人的骄傲，但这种骄傲却因其原董事长邓崎琳的落马而大打折扣。2017 年 5 月 31 日，邓崎琳因受贿罪被判处有期徒刑 15 年，并处罚金 500 万元。

实际上，武钢人对于邓崎琳的领导作风一直有很大的意见。根据下属的反映，邓崎琳江湖味很浓，在武钢系统内部将自己信任的 8 人称为"八大金刚"，经常与他们一起喝酒、打牌。有一次一个中层干部在外地出差，被邓崎琳一个电话就召回了，只是让他参加他们的私人聚会。邓崎琳听不进去任何反对意见，强迫要求下属站队，在武钢内形成了非常恶劣的政治生态。对于听话的人就提拔，对于不听话的人则排挤和打击。他还将自己的家人以及情妇作为武钢的供应商，武钢需要什么他们就供应什么，明目张胆地形成了一条利益输送带。

在其领导威权的负面影响下，其副手孙文东以及一大批中高层管理者如法炮制，都因犯受贿罪、行贿罪等被刑事拘留。

（来源：http://news.sohu.com/20150829/n420053127.shtml；http://news.jstv.com/a/20170118/1484735511315.shtml。）

上行下效的"疯狂"：福建省福鼎市卫生系统的腐败窝案

在福鼎市，无论是招收医务人员，还是工作人员进城调动、晋升职务，必须先通过该市卫生局局长赖思敏这一关。而赖思敏的考核标准既不是个人的工作经验，也不是个人的工作成绩，而取决于给了他多少红包。他在任职期间，主动暗示下属某医院副院长向他行贿以换取提拔机会；某下属卫生院职位空缺时，两位候选人一位是临时聘用人员，一位是正式人员，由于临时聘用人员与赖思敏私交甚密，最终得到了职位；此外，赖思敏想方设法利用手中的行政审批权向有求于他的人进行"卡要"，"给钱才能办事"。

上梁不正下梁歪，赖思敏的贪婪行为不仅断送了自己的前程，损害了党和国家工作人员的形象，而且败坏了当地卫生系统的风气，带坏了该市卫生系统的一大批干部。这些干部大都被迫或主动给赖思敏送过红包。这些下属为了实现心理平衡或收支平衡，一方面给赖思敏送钱送礼，另一方面纷纷广开财路，设法创收。

福鼎市第二医院原院长周某某在任职期间，一边向赖思敏行贿，一边利用职务便利收受贿赂。周某某利用职务便利，先后指定人员承包医院外科病房改扩建工程、防保楼工程、妇产科改扩建工程等，并在工程款支付方面给予照顾，从中收受承建人贿赂款共计 6.3 万元，另外在医院采购设备中多次收受企业贿赂共计 7.6 万元，以及在干部工作调动、医院信息系统改造等方面多次收受贿赂，最终因犯受贿罪被法院判处有期徒刑 7 年。管阳卫生院原院长张某某为了争取调动机会向赖思敏行贿 1.8 万元，自己在卫生院综合用房建设期间，先后 5 次收受基建工程承包人贿赂款共计 4.1 万元……

经调查，这起窝案涉及了该市绝大部分基层卫生院院长、副院长。涉案的 53 人中，有 45 人是卫生系统内的，其中有 15 人最终被追究刑事责任。

（来源：http://www.ccdi.gov.cn/xcjy/yajs/201307/t20130718_43528.html。）

在邓崎琳的案例中，他利用自己"江湖老大"的地位以及威权操控着武钢集团，无论是人员招聘、干部选拔，还是在经营管理、材料采购等方面，他给下属都树立了非常坏的"榜样"。在福鼎市卫生系统的案例中，当地医务人员的招收、调动以及职务晋升时，赖思敏利用手中的人事权进行暗中操作；当下属医疗机构设立需要审批时，赖思敏利用手中的行政审批权大肆敛财；当下属卫生院需要项目经费时，赖思敏利用手中的下拨经费权力把钱款拨给与自己关系好的单位。赖思敏手中能利用的权力几乎都被他所利用，他敛财的方式和手段成为下属员工的"腐败教科书"。从上述两个案例不难看出，下属部门员工的腐败方式与邓崎琳和赖思敏的腐败方式如出一辙。领导的腐败示范，使下属产生两种"错觉"：一是"这是一种可行的、能快速敛财的方式"，二是"领导的官比我大，领导都不怕，那我也无须担心"。

为使自己的腐败行为被系统内其他人所接受，并与他人形成对抗反腐败的利益集团，邓崎琳和赖思敏都对下属员工的腐败采取放任的态度。由于在许多组织中，只有上级领导能对下属的行为进行约束，领导的默许使下属人员有恃无恐、明目张胆地进行腐败。因此，提高选拔一把手的道德标准，并强化对一把手的教育与权力制衡是组织在今后管理中不容忽视的问题。

第四节　制度失效

一、制度与制度失效

关于制度（systems）这一概念，不同学者给出了不同的解释。制度学派的先驱康芒斯（1962）认为，制度就是集体行动控制个体行动。诺斯（1994）提出："制度是一个社会的游戏规则，更规范地说，制度是为了决定人们之间的相互关系而人为设定的一些制约。"他认为，制度不仅包括正式的法规、法令、规定，还包括在一定社会历史条件下形成的习俗、道德、禁忌等。根据《辞海》的解释，制度主要包含两层含义：从宏观来说，它是指在一定历史条件下形成的政治、经济、文化等方面的体系；就微观而言，它是指大家共同遵守的，按一定方式运行的程序或规则。

制度具有全局性、约束性和稳定性等特点。制度的全局性可分为横向和纵向两个方面，从横向来说是指制度建立必须保障组织整体工作的正常开展，在制度范围内的每个人都要受到制度的约束；从纵向来说，是指制度的制定既要参考过去的经验，符合现在的情况，还要考虑到未来可能发生的变化。制度的约束性是指制度规定组织内成员能做什么和不能做什么，若制度内成员违反组织制度和规则，就会受到组织的惩罚。制度的稳定性是指制度制定和执行以后，不宜经常变动和修改，应具有相对稳定性。制度的稳定性并不等同于制度是一成不变的，在环境和条件发生本质变化的情况下，制度应随之发生变化。

俗话说"没有规矩，不成方圆"，良好的制度能规范组织内部成员行为，促进组织有机高效地运转。然而，并非所有的制度都能起到限制和规范的作用，当制度不能或不能较好地规范成员的行为时，就产生了制度失效。制度失效表现在多个方面，如：制度制定过程中没有考虑到某些具体情况，导致制度存在空白和漏洞，制度无法起到约束组织内成员行为的作用；制度制定的标准过高或过低，不符合实际情况，不能提高组织效率；制度的某些条款语义模糊、模棱两可甚至是自相矛盾，造成制度在执行过程中的混乱；对于违反制度的情况没有制定相应的惩罚机制或惩罚力度过小，诱发成员偏离制度的行为，等等。

制度失效会对组织和组织内成员产生多种负面影响，这些负面影响包括：导致组织管理混乱、组织效率低下、组织目标难以实现、组织内成员产生非伦理行为甚至是腐败行为等。

二、制度失效的原因及对腐败的影响

目前学者主要从三个方面来讨论制度失效的原因——制度制定、制度执行和制度约束。

1. 制度制定

制度是制度设计者根据现实需要制定的。制定制度要以客观事实为依据，但同时也受到制度设计者主观因素和客观环境变化的影响。

在主观方面，学者雷玉琼和曾萌（2012）认为：“制度在设计之初就受到设计主体偏好的影响，使制度带有自利的色彩。”学者楚德江（2003）认为：“制度制定者是有限理性的，其获取信息和处理信息的能力有限，致使制度存在缺陷。”换句话说，制度设计者可能会为了自己的利益诉求而有意地改变制度的客观需求。例如，福建某县财政局曾为其下属单位公开招聘一名工作人员，要求该应聘者具有的条件为：“普通高校全日制应届本科毕业生，获得国外学士学位，国际会计专业，大学英语四级，××户籍，女，年龄25周岁以下。”该招聘条件明显超出了用人单位的真实需求，被网友质疑为内定招聘，后来相关的招聘信息被撤销。很显然，当制度设计者有意去改变组织真实、客观的需求时，腐败现象就会发生。

在客观方面，由于一个制度体系从设计到实施需要一个较长的时间过程，若在此过程中现实情况和环境发生明显变化，则该制度会由于无法满足现实需要而导致失效。实际上，由于制度具有稳定性，制度的调整和变迁需要严格地、反复地、长期地予以论证，即使制度制定者意识到制度不符合现实要求，制度的调整也需要较长时间，从而无法及时扭转制度失效带来的不良后果。

2. 制度执行

新制度的出台必然触及既得利益者的利益，当既得利益者组成的利益集团人数众多或权力过大时，新出台的制度就无法得到有效执行。学者崔晨（2014）认为："某些制度原则宽泛，缺乏操作性或执行标准，没有配套的考核措施，使得在实际操作中制度执行的随意性较大，从而导致制度失灵。"由于遵守制度需要一定成本，某些组织或部门为规避这类成本，采取走过场的态度，对制度的遵守流于表面，或仅在上级部门或单位进行监察时才遵守，上级部门放松监察时就不遵守或少遵守，对制度的执行采取消极态度，使制度无法发挥应有作用。

3. 制度约束

制度的约束包括制度框架下的自律和他律。自律是指制度内成员在自我道德感和责任感的约束下自觉遵守制度；他律是指组织内部及外部监督措施对组织成员的约束。当组织内个体或群体缺乏道德和责任感，把自己的利益放在首位，当制度规定与自身利益相冲突时，个人就会产生不自律行为，做出偏离制度的行为。监督体系不健全，存在监督漏洞；监督机构缺乏独立性；组织内外监督缺乏相应惩罚机制，这些原因导致他律的弱化，出台的制度就难以起到约束作用。

英国政治哲学家阿克顿勋爵指出，"权力导致腐败"，"绝对的权力导致绝对的腐败"（Krueger，1974）。腐败在本质上是一种寻租行为。权力寻租是指掌握公共权力的人以权力为筹码，换取经济利益或其他利益的行为。实际上，无论是在公共组织（如政府）中，还是在其他组织（如企业组织）中，任何层级的管理者都会拥有一定的影响利益相关者的权力，当这些权力的使用者得不到监督和约束时，腐败现象就极易产生。例如，在政府组织中，长期工作于水务系统的"小官"马超群却被办案人员在家中搜出现金 1.2 亿、黄金 37 千克，成为"小官巨腐"的典型案例。在这个案例背后，实质上也透露出相关制度缺乏对其进行有效的监督与约束。又如，在民营企业中，阿里巴巴曾经发生过比较严重的诚信门事件，即该公司一部分管理者及销售员默许甚至是帮助有诚信问题的企业在阿里巴巴网站上登广告，进而发生欺骗国外客户的行为，提供帮助者会从中获得较大的利益回报。马云曾明确指出，该事件可能会动摇阿里巴巴整个公司的根基，其发生的根本原因还是与公司的监督约束制度不力密切相关。

总之，制度失效是诱发腐败的重要因素之一。正如我国学者胡鞍钢（1994）等较早的时候提出的，"当前的腐败主要是制度性的腐败，腐败主要是源于制度的缺陷"。改革开放以来，我国由计划经济逐渐向市场经济转变，旧制度未完全废止，新制度和新制度体系尚不健全。无论是企业还是事业单位，其组织、管理、运营方式和手段都带有旧有体制的色彩，滞后于快速变化的市场以及现代化组织飞速发展的要求，从而为腐败的滋生和蔓延提供了土壤。即便是在实施改革开放 40 多年后的今天，各类组织中仍然存在一些制度失效现象，进而导致腐败的产生。为了减少甚至是消除腐败，任何类型的组织都要意识到制度反腐的重要性，需在今后构建更加科学的、完备的制度体系，并在实际的制度执行与约束方面做得更好。

三、典型案例剖析

制度失效会让管理者产生侥幸心理，并认为自己的腐败行为并没有触犯法律。下面这个案例很好地反映了制度失效对腐败的影响。

"中国最年轻院士"的腐败轨迹①

李宁，原中国农业大学生物学院教授，中国工程院院士。他在近30年的学术生涯中成绩斐然，获得了无数荣誉。他曾是"国家杰出青年基金"获得者、"长江学者奖励计划"特聘教授、自然科学基金委"创新研究群体"学术带头人、科技部"973"项目首席科学家和科技部"863"计划重大专项总体专家组组长、农业生物技术国家重点实验室主任。

2015年1月17日，在经过调查后，李宁被终止了院士资格，成为我国首个被撤销称号的中国工程院院士。原因是其设立空壳公司、套取科研经费并贪污公款。2020年初，李宁被判刑12年。

李宁负责的"转基因生物新品种培育科技重大专项"于2008年由国务院常务会议批准立项，投资大约200亿元。除负责这个项目以外，该项目的多个子项目也由李宁负责。由于自己是总负责人，因此子项目的审批也主要是李宁说了算。如此一来，李宁不仅能快速提升自己负责的项目个数，也能为自己的子项目多分配资金。

李宁还以科研需要的名义，设立了多家公司。在他设立的公司中，北京三元济普霖生物技术有限公司(以下简称"济普霖公司")，就是一家以李宁为法人的公司。济普霖公司的注册地址位于一所居民楼内，公布的电话也无法打通。然而，这家公司却多次参与李宁的国家课题，经常出现在李宁的课题论文中，被列为课题参与公司。据统计，该公司参与的李宁承接的课题有近20项，掌握的经费估计至少上千万元。据了解，这种通过开公司搞科研的方式最近十分流行。名义上公司的形式有助于更专业地处理问题，实际上这种方式为开发票、报假账打开了方便之门。

然而，当事情刚曝光时，李宁转移科研经费的做法却没有被学校

---

① 由于李宁在其科研团队中扮演着负责人与管理者的角色，案例中他的行为也与其管理者身份密切相关，因此该案例仍然符合本书关注"管理者腐败"的定位。同时，由于李宁来自高校，该案例的选择也进一步丰富了本书对于不同类型组织的腐败研究。

查处。当记者联系中国农业大学时，学校负责人称：李宁是院士，不知道院士该归谁管；李宁目前正在接受调查，不知道领导在哪里；学校只负责提供科研场地，不了解李宁侵吞科研经费的情况。

（来源：http://news.xinhuanet.com/politics/2014-10/15/c_11128 39301.htm。）

国家科技协会调查数据显示，科研经费用于项目本身的部分仅约占总经费的40%。目前科研经费的管理采取行政化方式，从项目申报开始，就通过项目预算把所需经费确定下来。由于科学研究是一个探索的过程，含有许多不确定因素，有时经费花不完，本应上交。然而，部分科研人员见利弃义，不愿把多余的经费退回去，而是采取各种手段想方设法把钱截留下来。像李宁这样，通过开公司参与科研本身是符合规定的，然而这些关联公司本质并不在于经营，通过关联公司开虚假发票、编造虚假事项以及编制虚假账目已成为侵吞科研经费的重要手段。此外，科研经费管理涉及多个方面，参与主体多，环节复杂，给学术反腐带来了一定困难。

李宁套取经费的腐败行为令人唏嘘。高校学者腐败固然与其自身无法抗拒金钱的诱惑有关，然而学校及相关机构对其监管缺位以及相关制度存在漏洞也会导致高校学者走向腐败。目前高校普遍存在只重视如何获取经费，而不重视经费如何花的现象。在李宁的案例中我们可以看到，李宁被批捕后，学校相关负责人却以李宁级别高因此无人监管为理由，放任其腐败行为。同时，其开设的公司也没有得到有关部门的有效监管，从而为李宁明目张胆地转移经费提供了方便。严肃处理这些高校腐败者固然重要，然而要想从根本上杜绝学术腐败行为，需要国家对科研资金制定严格的管理和监督制度。

【参考文献】

[1]陈刚. 上行下效：高官腐败的示范效应研究[J]. 经济社会体制比较，

2013(2)：155-164.

[2]陈秀梅.集体腐败行为的心理分析及根治[J].领导之友，1998，14(5)：39-40.

[3]陈志刚.论领导权威运行的规律[J].长春工程学院学报(社会科学版)，2011，12(3)：76-79.

[4]楚德江.从制度分析的角度透视腐败现象：问题与对策[D].郑州：郑州大学，2003.

[5]崔晨.腐败的制度成因及反腐败的制度建设研究[D].南京：南京工业大学，2014.

[6]杜晓丽，聂家华.论关系网文化对政府官员腐败行为的影响及对策[J].山东农业大学学报(社会科学版)，2010，12(1)：112-118.

[7]方一帆.论行政忠诚的困境与培养途径[J].安徽广播电视大学学报，2011，13(1)：9-15.

[8]费定舟，刘意.权力的游戏——中国文化中的人情对腐败意图的影响[J].心理学探新，2018，38(6)：534-538.

[9]过勇.新时期中国共产党纪律检查委员会的改革历程[J].经济社会体制比较，2012(5)：130-144.

[10]胡鞍钢，康晓光.以制度创新根治腐败[J].改革与理论，1994，7(4)：3-8.

[11]胡鞍钢.中国就业状况分析[J].管理世界，1997(3)：36-54.

[12]黄光国，胡先缙.人情与面子[J].经济社会体制比较，1985，1(3)：55-62.

[13]黄光国，胡先缙.面子：中国人的权力游戏[J].领导文萃，2005，13(7)：162-166.

[14]黄红平.领导干部腐败现象的传染方式透视[J].领导科学，2014，30(25)：51-52.

[15]金爱慧.中国传统人际关系对政治腐败的影响及其对策研究[D].长春：东北师范大学，2012.

[16]康芒斯. 制度经济学[M]. 北京：商务印书馆，1962.

[17]雷玉琼，曾萌. 制度性腐败成因及其破解——基于制度设计、制度变迁与制度约束[J]. 中国行政管理，2012，28(2)：110-113.

[18]李菁毅. 权力潜规则的腐败效应及其防治对策[J]. 内蒙古农业大学学报(社会科学版)，2005，7(3)：41-43.

[19]李伟民. 论人情——关于中国人社会交往的分析和探讨[J]. 中山大学学报(社会科学版)，1996，42(2)：57-64.

[20]梁漱溟. 梁漱溟全集(第一卷)[M]. 济南：山东人民出版社，1990.

[21]诺斯. 制度、制度变迁与经济绩效[M]. 上海：上海三联书店，1994.

[22]彭媛. 整治人情腐败关键在于制度细化[J]. 新湘评论，2018(14)：17-17.

[23]邱章铭. 腐败产生的文化心理分析[J]. 现代商贸工业，2011，24(7)：233-234.

[24]谭亚莉，廖建桥，李骥. 管理者非伦理行为到组织腐败的衍变过程、机制与干预：基于心理社会微观视角的分析[J]. 管理世界，2011，27(12)：68-75.

[25]谭志坤. 腐败的人情成因及其超越[J]. 求实，2017(5)：55-65.

[26]文鹏. 集体腐败形成过程及干预：社会互动视角[J]. 珞珈管理评论，2016，12(2)：13-21.

[27]吴一平. 经济转轨、集体腐败与政治改革——基于中国转轨经验的经济学分析[J]. 当代经济科学，2005，27(2)：21-26，108-109.

[28]杨国枢. 中国人的价值观——社会科学的观点[M]. 台北：桂冠图书公司，1993.

[29]张新超，范良聪，刘璐. 腐败何以持续：基于社会规范视角的实验研究[J]. 南方经济，2016，34(5)：97-114.

[30]周三多. 管理学：原理与方法[M]. 上海：复旦大学出版社，2014.

[31]Bandura A，Walters R H. *Social learning theory*[M]. Englewood Cliffs，NJ：Prentice-hall，1977.

[32] Bikhchandani S, Hirshleifer D, Welch I. Learning from the behavior of others: Conformity, fads, and informational cascades [J]. *Journal of economic perspectives*, 1998, 12(3): 151-170.

[33] Carvajal R. Large-scale corruption: Definition, causes, and cures [J]. *Systemic Practice and Action Research*, 1999, 12(4): 335-353.

[34] Driskell J E, Mullen B. Status, expectations, and behavior: A meta-analytic review and test of the theory [J]. *Personality and Social Psychology Bulletin*, 1990, 16(3): 541-553.

[35] Farh J L, Earley P C, Lin S C. Impetus for action: A cultural analysis of justice and organizational citizenship behavior in Chinese society [J]. *Administrative science quarterly*, 1997(3): 421-444.

[36] Kirkman B L, Chen G, Farh J L, et al. Individual power distance orientation and follower reactions to transformational leaders: A cross-level, cross-cultural examination [J]. *Academy of Management Journal*, 2009, 52(4): 744-764.

[37] Krueger A O. The political economy of the rent-seeking society [J]. *The American economic review*, 1974, 64(3): 291-303.

[38] Lin W, Ma J, Zhang Q, et al. How is benevolent leadership linked to employee creativity? The mediating role of leader-member exchange and the moderating role of power distance orientation [J]. *Journal of Business Ethics*, 2018, 152(4): 1099-1115.

[39] Loi R, Lam L W, Chan K W. Coping with job insecurity: The role of procedural justice, ethical leadership and power distance orientation [J]. *Journal of Business Ethics*, 2012, 108(3): 361-372.

[40] Manski C F. Economic analysis of social interactions [J]. *Journal of economic perspectives*, 2000, 14(3): 115-136.

第五章　伦理诱惑对管理者偏差行为的影响机制

根据本书的研究框架，在明确伦理诱惑的结构维度与现实表现之后，我们将进一步探讨伦理诱惑是如何导致管理者实施偏差行为的。本章将基于有限道德理论，采用问卷调查的方式，实证检验伦理诱惑与管理者偏差行为的直接关系以及认知在其中的中介作用。与以往的研究不同，本章将同时关注集体和个体两个层面的认知加工与腐败现象。通过本章的介绍，将加深人们对于伦理诱惑、伦理指向的认识，实质性地推动伦理诱惑作用机制的研究。

第一节　问题的提出

在既有的研究中，组织中的偏差行为(deviant behavior)是指违反组织(社会)规范且对组织或成员造成威胁的负面行为(Bennett，Robinson，2000)。偏差行为是一个综合的概念，它一般包括偷盗、暴力、蓄意破坏等行为。在以往的研究中，学者们主要从"一般员工"的角度来研究其偏差行为的形成与影响结果。在本研究中，我们将关注"管理者"这个特殊的研究对象。相对于一般员工而言，管理者所拥有的权力和资源较多，他们的偏差行为往往对组织造成更大的负面影响。探讨管理者偏差行为的形成因素具有较强的现实与理论意义。

在本书中，管理者的偏差行为是指管理者为了私利而实施的违反组织

(社会)规范的轻度负面行为。该概念有三个特征：(1)该行为是为了谋取个人的利益。员工的偏差行为可能是为了发泄负面情绪或者破坏组织，而管理者实施偏差行为的主要目的是利用手中的权力来获取私利。(2)该行为违反了组织(社会)规范。与员工的偏差行为一样，管理者偏差行为越过了组织(社会)的规范，对组织(社会)是有害的。(3)该行为的危害是轻度的。从行为的性质来看，管理者的偏差行为并非违法行为，其对于组织或社会的危害是较轻的。对于实施偏差行为的管理者，组织可以从道德或者内部制度上予以谴责或处罚。实际上，与危害程度较大的腐败行为相比，偏差行为偏离社会规范的程度较小，且更加普遍，便于通过实证研究来深入探讨。因此，在本章我们将重点探讨伦理诱惑对管理者偏差行为而非腐败行为的影响，后面的章节将探讨偏差行为向腐败行为的衍化过程。

回顾过去的相关文献，无论是针对员工还是管理者，学者们探讨其偏差行为时都有一个基本的假设，即他们实施偏差行为都是有意为之，是经过认知加工的主动行为。但从现实的角度看，任何人都有可能在无意识的状态下实施一些偏差行为，该行为甚至可能会被实施者视为一种合理的、明智的选择。这种解释与本书前面提及的伦理诱惑具有较强的关联性。当面临伦理诱惑时，管理者的认知会发生改变，进而导致其对于偏差行为产生错误的看法，最终去实施相关的行为。本章将尝试在伦理诱惑与管理者偏差行为之间构建联系，通过实证研究的方法打开其黑箱，为偏差行为的形成提供新的解释。

为了更加准确地刻画现实中的管理者偏差行为，本章将分别从集体和个体两个层面来解释偏差行为的形成，为此构建了一个跨层次的理论模型，如图5-1所示。综合而言，本章的理论贡献主要体现在以下三个方面：第一，关注管理者的偏差行为。相对于一般员工而言，探究管理者的偏差行为更具有现实影响力。第二，尝试着将伦理诱惑与管理者偏差行为相联系，丰富了偏差行为的影响因素。第三，从无意识实施的角度出发，承认管理者认知的改变，进而探讨偏差行为的形成。

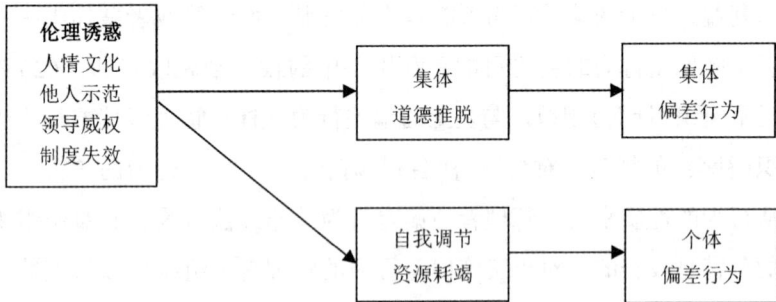

图 5-1 研究框架图

第二节 偏差行为主要文献回顾

如上所述，偏差行为是组织内发生的一种典型负面行为。偏差行为与非伦理行为有相似之处，都是偏离了组织规范的负面行为，不过非伦理行为还特别强调社会标准，是对社会规范的违背。偏差行为的研究经过了量表测量、影响因素、作用机制等发展阶段，下面将对每个阶段的经典研究文献予以回顾。这些文献具有较强的开创性，且多数发表在本学科的顶级期刊上（如 *Academy of Management Journal*、*Journal of Applied Psychology* 等）。

一、量表测量

Robinson 和 Bennett(1995)是较早对偏差行为进行系统研究的学者。他们通过多阶段的问卷调查发现，偏差行为并非一个单维度的概念。根据偏差的程度大小以及偏差指向是个人还是组织，他们将偏差行为划分为四种类型：(1)财产性偏差(程度严重并指向组织)，主要包括谎报工作时间、偷盗公司财物、蓄意破坏设备等。(2)生产性偏差(程度轻微并指向组织)，包括早退、资源浪费、故意拖慢工作节奏等。(3)个人攻击(程度严重并指向个人），包括性骚扰、口头辱骂、偷盗同事财物等。（4）政治性偏差（程度轻微并指向个人），包括指责同事、说闲话等。该研究推进了人们对于偏差行为类型的认识，为后续的研究奠定了基础。

Bennett 和 Robinson（2000）深化了 Robinson 和 Bennett（1995）的测量研究。他们指出，人际导向和组织导向的偏差行为分类是有意义的。无论是程度严重还是轻微，其都可以归入到这两种分类方法中去。为此，作者采用多轮调查，从收集题项到净化题项，最终验证了工作场所中的偏差行为可分为组织偏差和人际偏差两个维度，其中组织偏差共有 12 个测量题项，如：在工作时间处理个人的事情而非公司的事情、未经允许拿走公司财物、在工作期间长时间休息等；人际偏差共有 7 个测量题项，如：攻击他人、说一些伤害同事的话、对他人发火等。该测量量表是当前学者们使用最为广泛的偏差行为量表。

二、影响因素

在已经掌握测量量表的基础上，学者们探讨了在哪些因素下，个体更可能会实施偏差行为。从既有研究的数量来看，这方面的研究比较丰富，既包括组织层面的，也涵盖了团队与个体层面的因素。此处重点介绍三篇较有影响的研究，它们分别关注了不同方面的影响因素。

Colbert、Mount、Harter 等（2004）检验了员工感知的发展环境、个性以及两者的交互对偏差行为的影响。在该研究中，作者将偏差行为划分为工作不努力和人际工作偏差两个方面。通过多样本的调查，他们发现，当员工感知的发展环境程度较高或组织支持力度较高时，他们实施两类偏差行为的倾向性会下降，即两者负相关。同时，在模型中，责任性、情绪稳定性两类性格与工作不努力负相关，宜人性与人际工作偏差负相关。此外，当上述三种性格要素越弱时，感知的发展环境与员工偏差行为的关系会越强。该研究的贡献在于考察了情境因素（感知的发展环境）对偏差行为的影响，以及组织因素与个体因素（个性）的交互作用，对人们更好地从组织层面认识偏差行为的形成提供了方向。

Judge 和 Scott(2006)利用情绪事件理论，检验了个体的敌意、工作满意度对工作偏差行为的影响。调查发现：（1）对于个人，人际间公平与个体的状态敌意(state hostility)负相关，与工作满意度正相关，并且，状态敌意会调和人际间公平与工作满意度的关系。（2）状态敌意与工作偏差行为正相关，工作满意度与工作偏差行为负相关，并且，工作满意度会调和状态敌意与工作偏差行为的关系。（3）人际间公平与工作偏差行为负相关。其中，工作满意度会调和人际公平与工作偏差行为的关系。（4）最后，特质敌意(trait hostility)将正向调节个体内人际公平与状态敌意的关系。特质敌意越强，两者的关系越显著。该研究对员工实施偏差行为的个体状态（尤其是情绪与工作态度）进行了深入研究，进一步推进了人们对于偏差行为形成原因的认识。

Mitchell 和 Ambrose(2007)则从领导因素的角度，检验了辱虐型领导对下属偏差行为的影响。在该研究中，作者基于 Bennett 和 Robinson(2000)两维度量表(人际指向的偏差行为和组织指向的偏差行为)，开发了上级指向的偏差行为。通过问卷调查的方式，他们发现，辱虐型领导与下属的三类偏差行为均正相关，并且，个体的负面互惠信念会正向调节辱虐型领导与下属偏差行为的关系。当个体的负面互惠信念越强时，辱虐型领导与下属偏差行为的关系越强。这种调节效应在人际指向和组织指向的偏差行为中不显著。该研究为人们认识领导行为与下属偏差行为的关系提供了依据，并启发学者们在后续有关偏差行为的研究中，关注其他类型的领导风格与行为。

三、作用机制

最近的研究开始关注偏差行为会带来怎样的结果。尽管它是一种典型的负面行为，但对于其影响效果和范围人们还缺乏深入的探讨。这类研究也符合组织行为学最新的研究潮流，即当某个概念的前因变量研究较为丰富后，人们开始关注其潜在的、未开发的结果变量。

Whiting 和 Maynes(2016)提出，决策者在选择团队候选人时，应该会关注他们之前的关系绩效（contextual performance）与偏差行为，因为这两类行为对团队绩效都会产生影响。为了检验该影响效果是否存在，作者采用内容分析法，关注了美国国家足球队的人员遴选过程。研究发现，组织内部决策者比外部专家更加看重候选人的关系绩效。同时，候选人的任务绩效、关系绩效都对其后期在足球队的绩效有积极的影响，但偏差行为与后期绩效的关系不显著。作者认为，这种不显著效应并非源于偏差行为的负面本质，而是与该行为出现的频率太低有密切的关系。

Greco 等（2017）也关注了偏差行为的结果对其实施该行为的影响。他们指出，个体在面对工作要求时，究竟是否实施偏差行为①取决于其对该行为导致结果的分析，这种分析主要包括行为带来的短期收益与长期成本。通过多样本的收集，研究发现，在工作要求的影响下，（1）如果个体感知偏差行为的成本较低且收益较强，个体更倾向于实施该行为；（2）如果个体感知成本较高但收益较低，个体不会实施该行为；（3）如果个体感知的成本和收益都较高，他们仍然可能会实施偏差行为。该研究的贡献在于，通过了解个体对于实施偏差行为之后的成本—收益感知，来决定是否实施该行为。尽管该研究并没有直接检验偏差行为与结果变量的关系，但它仍拓宽了人们对于偏差行为结果的认识，丰富了该领域的理论研究。

第三节　研究假设与理论基础

一、伦理诱惑与管理者集体/个体偏差行为的直接关系

如本书前面所下的定义，伦理诱惑是指一些特定的情境，在此情境下多数个体或集体会被诱使实施偏差行为或腐败行为。那么，为什么身处其

---

①　在该论文中，作者使用了一个相似的概念——反生产行为（counterproductive workplace behavior），并将其等同为偏差行为。

中的管理者个体或集体会从事偏差行为呢？有限道德理论能为此现象提供较好的解释。

(一) 有限道德理论

1. 理性道德与有限道德

无论是理性道德还是有限道德，都是从社会认知的角度来看待非伦理行为的形成。从研究的发展趋势来看，以往学者主要从经济学理性选择 (rational choices) 的观点来解释偏差行为或腐败行为的发生。根据该观点，个体在实施偏差/腐败行为之前会权衡偏差/腐败行为的成本与收益。当收益大于成本时，个体就会选择偏差/腐败行为；否则，就不会实施偏差/腐败行为 (Weaver et al, 2014)。同时，理性道德流派特别强调个体在伦理决策过程中的推理与分析。例如，在 Jones (1991) 的经典研究中，他将伦理行为的实施看做一个较长的过程，它首先源于环境 (社会、文化、经济、组织等) 的影响，这会让个体意识到道德问题，接着会做出道德判断并产生道德意愿，最后导致道德行为的实施。其中，道德问题的特征会影响该过程的推理。根据该研究的框架，倘若人们缺少了推理的任何一个环节，都不会导致伦理行为的发生。

然而，最新的研究却发现，人们很多时候不会严格按照上述流程去推理，而是会处于有限理性状态，并无意识或不经意地实施一些违背道德甚至是法律的行为 (Weaver et al, 2014)。为了描述上述状态，哈佛大学的三位学者 Chugh、Bazerman 和 Bannaji 联合提出了"有限道德理论"。他们是从财务审计独立的现象来开展研究的。他们认为，从心理学家的角度看，个人是难以做到无任何偏差地做出判断的。对于会计师事务所的审计人员而言，他们从客户公司那里获得了丰厚的利润，他们也计划着下次能继续服务于该客户，甚至是今后跳槽到该公司去。这些现象都会导致审计人员的非独立性。在此情形下，审计人员很容易在工作中进入一种有限理性的状态，会很自然地做出一些有利于客户的评审分析。换言之，这是不需要他们进行认真思考与深度认知加工的一个自然选择。

根据著名管理学家西蒙的观点，人在一定的环境下或受自身能力的限制，会处于一种有限理性的状态，此时的决策完全无法用经济理性来解释。基于此观点，Chugh 等人认为，个体或集体在进行道德判断时，也会进入有限道德状态。在此状态下，个体的外在行为会与内在道德观相背离，导致出现无意识的道德偏差。本研究认为，伦理诱惑的四种要素为管理者的非伦理决策提供了外部的诱因，会导致管理者处于有限道德的状态，进而无意识地实施违背道德或法律的行为（Chugh et al，2005）。

2. 有限道德理论与管理者决策的关联性

那么，为什么有限道德会产生呢？根据学者们（王芃，王忠军，李松锴，2013）的总结，大致上可以分为以下四类原因，下面将简要阐述这四类原因以及其与管理者决策的关联性。

（1）自利性动机。人们会存在一些内隐的偏见，总认为自己比别人更加道德，或者比他人更加无私、友好与慷慨（Epley，Dunning，2000）。从某种程度上看，自利性动机也属于道德领域的个人社会称许现象。这就导致在进行伦理决策时，人们对自己的道德水平无法做出准确的判断，即便是实施了非伦理行为，但仍然难以对该行为做出准确的判断，这即产生了有限道德的状态。此类现象在组织中大量存在，例如人们总是习惯将自己放在一个道德的高点，来批判其他组织成员的不道德行为，或者说将各种不利结果都归结于他人的非伦理决策。具体到本书的研究对象——组织管理者，由于身处管理层，导致他们在关注自身以及所管理的团队时，有更强的优越感与自尊心。他们会认为其伦理表现要高于其他人与团队。正是在这种带有偏见性的自利动机的影响下，管理者集体与个人都会进入有限道德的状态。

（2）双重自我。根据心理学的研究，人脑中存在两个自我，一个是"想要的我"，一个是"应该的我"（Bazerman et al，1998）。"应该的我"会更加坚守道德准则，更加看重社会规范，不会随意跨越道德与法律的边界；

"想要的我"是对个体原始需求甚至是欲望状态的体现，它更加强调对想要结果的获取，而对于获取的过程与方式却不太关心。在个体决策时，一旦"想要的我"打败了"应该的我"，就会导致人们无意识地实施非伦理行为，并且，他们也会认为这是一种自然的选择。实际上，对于管理者而言，由于其拥有各种权力，导致他们面对的诱惑增加，这很容易激发"想要的我"的自我模式出现，进而导致偏差与腐败现象的发生。

（3）道德褪色。道德褪色反映了人们无法意识到道德问题的存在性。当道德褪色发生时，他们会将事物本身与道德问题割裂来看，进而忽略道德的重要性，此时很容易进入有限道德的状态。例如，我们经常在生活中，会听到一个违背道德(如插队、传播谣言、公物私用)的人向公众解释自己并没有犯任何错误，这种解释就是道德褪色后的典型做法。影响道德褪色的因素较多，在本书的研究中，伦理诱惑毫无疑问会加快管理者的道德褪色过程，① 来自人情文化、他人示范、领导威权以及制度失效的影响都会让管理者习以为常地实施偏差行为。

（4）框架效应。人们在做出决策时，背后会有多种支撑性的框架，例如经济框架、道德框架等。这些框架暗含着个体对不同要素的关注程度。倘若个体使用道德框架，则意味着道德因素是其首先要考虑的问题，后续则会实施更加符合社会规范的行为；但如果使用经济框架，则会忽略道德问题，进而进入有限道德的状态。仍以本研究的管理者为例，假设他们需要将公司的产品卖给客户，如果仅仅启用经济框架，那么他们会不择手段以达成自己的销售目标，至于过程是否合规不是他们关心的话题。处于此种有限道德状态的管理者，会让违反道德甚至是法律的事情合理化甚至是合法化。

---

① 从职业晋升的角度看，对于大多数组织的管理者来说，他们都是因为过去表现突出而被提拔到目前的位置，这在一定程度上说明他们在过去的业绩以及道德水准较好。但随着身边的诱惑越来越多，他们可能会放松警惕以及对自身的要求，道德褪色就自然而然发生了。

(二) 伦理诱惑与偏差行为

下面对伦理诱惑的四种要素与偏差行为的关系进行详细阐述。

1. 人情文化与管理者集体/个体偏差行为

身处人情文化的影响，无论是管理者集体还是个体，都有可能会为了面子、人情、关系等做出一些违背社会或组织规范的偏差行为，这主要有以下三个具体的原因：第一，对偏差行为危害性认识不足。如上所述，偏差行为是一种违反组织规范的行为，但该类行为并不违背法律。也就是说，它们对社会的危害性并不严重。正是由于管理者对偏差行为的此种认识，导致他们在人情文化的影响下，不会太顾忌自身行为带来的负面后果，进而实施此类行为。第二，出于互惠、帮助他人的目的。人情文化会让管理者产生较强的互惠感，他们会认为既然自己的行为会给对方带来很大的帮助，那还不如在允许的情况下予以帮助，于是偏差行为产生了。第三，实施该行为有安全感。由于是熟人之间的帮助，实施偏差行为被外人察觉或者曝光出去的可能性也比较小，这增强了管理者实施偏差行为的安全感。综合上述分析，当管理者感知到的人情文化氛围较浓时，管理者集体/个体会极易启动非道德的决策框架，认为实施偏差行为并不会对自身、组织以及社会造成较大的负面影响或危害，反而会因为人情因素而将偏差行为正当化与合理化，导致实施偏差行为的可能性增大。

2. 他人示范与管理者集体/个体偏差行为

他人示范对偏差行为的影响主要体现在三个方面：第一，通过社会示范实施偏差行为。根据社会学习理论，他人示范会让管理者产生学习效应，跟随他人的行为进而实施偏差行为。文鹏和陈诚(2016)的研究也发现，当团队内的他人实施非伦理行为时，焦点个体也会实施相类似的行为。他们在研究中将这种现象称为"近墨者黑"效应。第二，通过社会比较产生偏差行为。社会比较理论，也称为公平理论，它重点考察个体在与他人比较过程中产生的行为导向。在我国这种高集体主义文化的国家，集体或个体很容易产生社会比较心理。人们会认为，既然他人能实施偏差行为，自己也可以如此，只有这样才能体现公平性。正是在这种心理的影响下，管理者会通过寻找参照对象，进而在比较过程中寻求心理的平衡，导致偏差行为的实施。第三，通过从众心理产生偏差行为。从众心理也是人们常有的一种心理状态。在从众的过程中，人们会获得更强的安全感。因此，当周围的管理者都在实施偏差行为时，焦点管理者个体/集体就会随波逐流，在从众心理的驱使下实施偏差行为。综合上述分析，管理者认为实施偏差行为是一种自然的选择，道德褪色较为明显，此时他们认为自己并不需要承担过多的道德谴责，进而会无意识地实施偏差行为。因此，当他人示范偏差行为的程度越高，管理者越倾向于实施类似的行为。

3. 领导威权与管理者集体/个体偏差行为

领导威权通过两个方面来影响管理者的偏差行为：一方面，领导威权为管理者实施偏差行为提供了一个相对"合理"的借口，即自己实施偏差行为是源于上级的要求。实际上，这类现象在现实中屡见不鲜，领导威权也为领导者提出不合理的要求提供了合法的外衣。最近有关亲组织非伦理行为(unethical pro-organizational behavior，UPB)的研究也表明，人们会以"为了组织的利益"来实施非伦理行为。领导者是组织的代理人，这就可能会给下属带来错觉，认为领导要求即代表组织的利益，进而会实施类似的亲组织非伦理行为，并且，正如前文中所指出的，由于中国是一个高权力距离的国家，领导威权对下属往往会产生更强的影响，这也为领导威权影响下属的偏差行为提供了外部环境。另一方面，根据领导力研究领域中的上行下效效应(trickle-down effect)，领导者是下属学习与模仿的对象，当领导者使用手中的威权时，其很容易为下级管理者树立一个不好的榜样，进而导致他们有可能实施偏差行为，即上梁不正下梁歪。综合这些分析，当领导威权出现时，下属更可能会启用非道德的框架来做出决策，会认为实施偏差行为是合理的，甚至是有利于组织发展的，进而会促进这些行为的实施。

4. 制度失效与管理者集体/个体偏差行为

失效的制度往往是有缺陷的、不系统的以及缺乏约束力的。制度失效会从两方面来影响管理者的偏差行为：一方面，当组织中的制度存在明显的漏洞时，管理者会因为缺乏监管而产生侥幸心理，进而实施偏差行为。一般而言，失效的制度不太会特别关注违规甚至是违法行为，这种漏洞会让管理者认为该类行为并没有不妥之处，即便是自己实施也不会引起他人的注意。正是在这种心理的驱使下，他们会频繁实施此类行为。正如在前文中提到的案例，院士李宁就是利用制度的漏洞来实施腐败。另一方面，失效的制度往往对管理者的违规缺乏有力的惩罚。这会导致管理者的违规行为即便被发现，也不会遭受较大的损失，进而导致他们愿意铤而走险。失效的制度为管理者提供了腐败的温床，它会激发"想要的我"的自我模式，让他们通过不断说服自己来改变对偏差行为的认知。

综合上述理论与分析，我们提出如下假设：

假设1：伦理诱惑与管理者集体偏差行为正相关。

假设2：伦理诱惑与管理者个体偏差行为正相关。

二、集体道德推脱与自我调节资源耗竭的中介效应

本研究提出，伦理诱惑会通过集体认知与个体认知这两种不同的中介机制，来影响集体/个体管理者的偏差行为。

1. 集体道德推脱的中介

伦理诱惑会让管理者团队产生道德推脱，进而实施团队偏差行为。道德推脱指个体或集体产生的一些特定认知倾向，从而让自己"合理地"从事违背道德的行为(Bandura，1986)。这些认知倾向包括：重新定义自己的行为使其伤害性显得更小(包括道德辩护、委婉标签、有利比较)、最大限度地减少自己在行为后果中的责任(包括责任转移、责任分散、忽视或扭曲结果)和降低对受害者痛苦的认同(包括非人性化、责备归因)。

例如，当组织中发生一件负面事情后，相关责任人却通过各种理由（如外部环境不合适、合作者能力不够等）来推卸责任，这就是道德推脱的一种具体表现。实际上，人们在一般情况下会具有正常的道德调节功能，让自己的道德标准与行为保持一致，一旦出现不一致他们会自动调整。然而，当道德推脱产生后，道德调节功能会失效，进而会带来较高水平的偏差行为。此时，伦理诱惑的各种要素为道德推脱提供了条件和环境：（1）人情文化会让团队内的管理者产生互惠感，认为帮助亲人、熟人等是理所当然的，不应该受到谴责。（2）在他人示范的影响下，当发现其他管理团队在实施偏差行为时，该团队也会认为该行为是一种正常现象；即便被发现，也会法不责众。受其影响，管理者团队会进入一种集体的有限理性状态，进而产生较高的集体道德推脱。（3）领导威权会让下属团队产生认知的偏差，认为即使自己实施了偏差行为，也不应该由自己来承担相关的责任与后果，进而实施责任转移。（4）制度失效则让管理者团队有机可乘，认为自己的偏差行为并没有违反制度规定，进而产生较高程度的道德推脱。过去大量的研究表明，当个体或集体产生道德推脱后，其对偏差行为会产生错误的认知，认为其是合理的、规范的行为，最终导致实施偏差行为（Bandura，2016；Huang et al，2017；Moore et al，2016；文鹏、陈诚，2016）。

此外，在团队的环境下，会形成一种管理者相互担责的局面，这实际上也会为相互推诿、责任转移与分散提供了条件。面对伦理诱惑的影响，管理者成员会认为自己在其中应承担的责任较小，导致在实施集体决策时出现更加偏离规范的状况，并且团队成员之间会相互劝说，这些都会导致伦理决策的"团队极化"现象①，偏差行为的程度增加。综合这些分析，我们认为在伦理诱惑的影响下，集体道德推脱的可能性会增强，进而导致团队更可能会实施集体偏差行为。

---

① 团队极化（group polarization）现象是指团队决策会比个体决策更加极端与偏移。以偏差行为为例，团队成员会相互说服并弱化个体对结果的责任，导致更容易实施高程度的集体偏差行为。

2. 个体自我调节资源耗竭

伦理诱惑会让管理者个体的自我调节资源耗竭(self-regulatory resource depletion),进而实施偏差行为。在既有的研究中,自我认知是影响偏差行为的重要因素之一。自我调节属于社会认知的范畴,它具体是指个体改变或否定自己内心反应的一种能力(Tangney et al, 2004)。当个体保持这种能力时,他/她会尽量让自己的外在行为与内在道德标准保持一致,否则会产生认知失调。因此,自我调节有助于个体终止自身不良行为。然而,作为一种有限的认知资源,当个体长期使用它时,自我调节资源会逐渐减少甚至耗竭,这正如生活中的手机电池一样。一旦耗竭的现象发生,个体将会面临巨大的挑战,此时实施偏差行为的可能性会增加。

研究发现,当面临伦理困境时,相对于保持自我调节资源的个体而言,资源耗竭的人会更容易实施非伦理行为。个体的自我调节资源是影响偏差行为的重要因素之一(Gino et al, 2011),当伦理诱惑出现时,管理者会不断耗费精力去应对人情文化、他人示范、领导威权或制度失效带来的影响。① 在抵制伦理诱惑的过程中需要消耗管理者的自我调节资源。由于每个人的自我调节资源都是有限的,如果某类伦理诱惑持续存在,将会导致这种影响的过程持续进行,这将最终使得管理者的自我调节资源耗尽,并进入有限理性的状态,导致无意识偏差行为的发生。也就是说,伦理诱惑会导致管理者个体自我调节资源的耗竭,进而实施偏差行为。

综合上述两方面的分析,本书提出如下假设:

假设3:伦理诱惑通过管理者集体道德推脱的中介作用,影响集体偏

---

① 伦理诱惑为管理者实施伦理决策构建了诸多的伦理困境。譬如,当熟人找管理者帮忙时,他是否愿意帮忙呢?或者,当领导者要求自己实施偏差行为时,自己做还是不做呢?对这些问题的思考与应对会不断考验管理者的自我调节水平,耗费自我调节资源,导致“常在河边走,哪有不湿鞋”现象的出现。正是基于该原因,本书在后面的对策研究中,认为应该聚焦于消除这些伦理诱惑,进而减少腐败现象的发生。

差行为。

假设4：伦理诱惑通过管理者自我调节资源耗竭的中介作用，影响个体偏差行为。

第四节　研　究　方　法

在本节中，我们将主要介绍本研究所采用的程序与样本、测量工具以及相应的分析工具。

一、程序与样本

由于本研究关注的对象是组织内的管理者个体以及集体，取样相对容易，这非常适合采用问卷调查法。具体而言，本研究的样本主要来自我国中部两所高校的 MBA 和 MPA 校友资源。研究者通过对近三年校友信息的初步分析，形成了一个中高管管理者校友库，共计 285 人。接着，通过电子邮件的形式，对这些校友进行问卷调查，事先确保他们正在负责或者带领管理团队，① 之后向他们阐述本研究的目的与意义，特别强调本研究的匿名性，让其放心参与。

调查的流程包括：首先，通过邮件联系每位校友，征求其同意，并让他们填写针对团队负责人的问卷（主要是报告其团队的伦理诱惑程度）；其次，让该校友提供其所管理团队成员的基本情况（如规模、性质、成立时间等）以及团队成员的电子邮箱；最后，我们通过邮件向每个团队的所有成员发放问卷。一周后，对于没有回复邮件的被调查者，将催促其尽快完成。

_____

① 管理团队主要包括人事行政管理团队、财务管理团队、采购管理团队、运营管理团队等，这些团队与生产、研发、设计等非管理团队有较为明显的区别。管理团队往往会面临更突出的伦理诱惑，更有利于本研究的开展。

经过统计，愿意参与本次调查的管理者有 49 人，① 剔除尚未回复以及无效的问卷，最终收回 38 个有效的团队样本数据，共 344 人。这些团队的人数在 3~16 人之间，团队平均人数为 9.1 人。

二、测量工具

本研究均采用李克特（likert）5 点法，1 代表非常不同意，5 代表非常同意。数字越大，代表同意的程度越高。对于原文是英文的测量量表，将采用回译（back-translation）的方式以保证量表的可靠性。

1. 伦理诱惑

伦理诱惑的测量将采用本书前面已经开发的 12 个题项成熟量表。在该量表中，伦理诱惑共包括 4 个维度，分别是人情文化（3 个题项）、他人示范（3 个题项）、领导威权（3 个题项）和制度失效（3 个题项）。我们要求团队负责人对其团队的真实情景予以填写。人情文化的测量题项如"为了建立良好的人际关系，并扩大自己的影响力"，他人示范的测量题项如"大家都在这么做"，领导威权的测量题项如"上级管理者要求"，制度失效的测量题项如"违规不易被发现"。在本研究中，我们构建了一个二阶因子，即将伦理诱惑视为一个整体概念。结构方程模型的分析结果表明，该二阶因子具有较好的拟合度（$\chi^2 = 100.22$，$df = 50$，RMSEA $= 0.05$，CFI $= 0.98$，NFI $= 0.97$）。伦理诱惑的信度系数为 0.85。

2. 偏差行为

根据本研究的背景，本书开发了管理者偏差行为量表，共 3 个题项，以反映他们轻度违背组织（社会）规范的行为。该量表由团队成员填写，具

①　本次调查的回复率为 17.2%，这个较低的数字与本研究较为敏感的话题（腐败）相关。此外，由于本研究既涉及领导者，又涉及其下属团队成员，调查过程相对较为复杂，这也是影响被调查者参与积极性的一个重要因素。不过，参考以往有关校友调查的研究，本研究的回复率仍然处于可接受的水平。

体题项包括：在工作中帮助他人后，接受他人给予的一点好处是常见的；在管理决策时，我会在不违背法律的情况下适当考虑自己的利益诉求；在法律允许的框架下，我会为了自己的利益而灵活使用手中的管理职权。偏差行为的信度系数为 0.88。

3. 集体道德推脱

本研究借鉴了 Moore 等（2012）所开发的道德推脱量表，共 8 个题项，由团队成员填写。例如，当身边的朋友都在做一些错误的事情时，一个人不应该因为也做该类事情而受到责备；如果你仅仅是借用某件东西，在没有主人允许的情况下拿走也是可以接受的。让被调查者对这些语句的认可程度作答，然后将团队所有成员的个体数据进行平均化处理，得到集体道德推脱的水平。集体道德推脱的信度系数为 0.84。

4. 自我调节资源耗竭

借鉴 Christian 和 Ellis（2011）的做法，我们采用自我控制（self-control）这个量表来测量管理者个体的自我调节资源耗竭。具体而言，即借鉴 Twenge 等（2004）开发的自我控制量表。该原始量表较长，共有 25 个题项，本研究采纳前 5 个题项，由团队成员填写。例如，"我在精神上感到疲倦"；"假如我被立刻安排一项较难的任务，我很容易就会放弃"。该量表的得分越高，表明管理者的自我调节资源耗竭程度越高。自我调节资源耗竭的信度系数为 0.85。

5. 控制变量

本研究主要将团队的特征以及管理者的人口特征变量予以控制。在团队特征方面，主要考虑了团队成立的时间和团队的人数规模；在人口特征方面，主要包括个人管理者的性别（0＝女性；1＝男性）、年龄、教育程度（0＝大专以下；1＝大专；2＝本科；3＝研究生及以上）和在团队中的工龄。

三、分析工具

首先，本研究使用 Lisrel 软件，检验主要量表的区分效度；其次，使用 SPSS 软件计算量表的信度以及它们的相关性；最后，考虑到本研究的数据是跨层次的，将使用 HLM 软件来处理回归的数据。

第五节　研　究　结　果

一、数据基础分析

1. 数据有效性分析

（1）聚合分析。本研究的模型涉及团队和个体两个层次，其中，伦理诱惑由团队负责人评价，属于集体层面的变量，不需要聚合。集体道德推脱和集体偏差行为均由管理者个体先报告，然后累积到团队层面。累积统计分析结果为：道德推脱 ICC(1) = 0.33，ICC(2) = 0.82，Rwg = 0.82，偏差行为 ICC(1) = 0.31，ICC(2) = 0.80，Rwg = 0.78。这些数据显示，道德推脱和偏差行为可以从个体累积到团队层面。

（2）验证性因子分析。本研究的主要变量为伦理诱惑、集体道德推脱、自我调节资源耗竭与偏差行为。验证性因子分析的研究结果表明，相对于其他模型而言，四因子模型的结果是最优的（X^2 = 1081.25，df = 344，RMSEA = 0.08，CFI = 0.89，NFI = 0.84），这表明本研究所使用的主要变量的区分效度较好，可以作进一步的分析。

2. 主要变量相关性分析

表5-1 报告了本研究中主要变量的相关系数。结果显示，在团队层面，伦理诱惑分别与集体道德推脱显著正相关（r = 0.39，p < 0.01），伦理诱惑

也与集体偏差行为显著正相关($r=0.32$，$p<0.05$)，集体道德推脱与集体偏差行为两者显著正相关($r=0.31$，$p<0.05$)；在个体层面，道德推脱与自我调节资源耗竭显著正相关($r=0.15$，$p<0.01$)，也与个体偏差行为显著正相关($r=0.13$，$p<0.05$)，同时自我调节资源耗竭与个体偏差行为两者也显著正相关($r=0.12$，$p<0.05$)。

表 5-1　主要变量相关系数表

变　量	均值	标准差	1	2	3	4	5	6
团队层面								
1 伦理诱惑	3.70	0.30	NA					
2 集体道德推脱	2.28	0.35	0.39**	NA				
3 集体偏差行为	3.74	0.41	0.32*	0.31*	NA			
个体层面								
4 道德推脱	2.32	0.81				NA		
5 自我调节资源耗竭	3.19	0.78				0.15**	NA	
6 个体偏差行为	3.76	0.82				0.13*	0.12*	NA

注：＊表示 $p<0.05$，＊＊表示 $p<0.01$。

二、回归分析与假设检验

该部分采用 HLM 软件进行数据分析。表 5-2 报告了回归的系数。从该结果中可以看出，伦理诱惑对管理者集体偏差行为的回归系数正向显著($\gamma=0.25$，$p<0.05$，Model 2)，对管理者个体偏差行为的回归系数也是正向显著($\gamma=0.17$，$p<0.01$，Model 5)。该结果证实了假设 1 和假设 2。

表 5-2 跨层次回归分析结果

变量名称	集体道德推脱 Model 1	集体偏差行为 Model 2	集体偏差行为 Model 3	自我调节资源耗竭 Model 4	个体偏差行为 Model 5	个体偏差行为 Model 6
截距	3.11*	3.67*	3.79*	3.94**	3.83*	3.91*
团队规模	0.13	0.07	0.08			
团队成立时间	0.09	0.10	0.10			
性别				0.06	-0.11	-0.0.12
年龄				-0.01	0.03	0.03
教育程度				0.05	-0.01	-0.01
团队中的工龄				0.01	0.15*	0.14*
Level 2 自变量						
伦理诱惑	0.29**	0.25*	0.23*	0.18**	0.17**	0.14*
Level 2 中介变量						
集体道德推脱			0.22*			
Level 1 中介变量						
自我调节资源耗竭						0.12*

注：*表示 $p < 0.05$，**表示 $p < 0.01$。

为了进行中介变量的假设检验，本研究采用了传统的中介效应三步检验法，即首先检验自变量与结果变量的关系，其次检验自变量与中介变量的关系，最后将自变量和中介变量同时输入回归模型，如果自变量与结果变量的直接关系变弱且中介变量与结果变量的关系仍然显著，则说明存在中介效应。结合已得到验证的假设1、假设2以及从表5-2中的结果，在集体层面，伦理诱惑对集体道德推脱的回归系数正向显著（$\gamma = 0.29$，$p < 0.01$，Model 1）。当同时输入伦理诱惑和集体道德推脱时，伦理诱惑对集体偏差行为的回归系数减弱但仍然显著（$\gamma = 0.23$，$p < 0.05$，Model 3）。这说明集体道德推脱在伦理诱惑与集体偏差行为之间起到部分中介作用，假

设 3 得到验证。类似地，在个体层面，伦理诱惑对自我调节资源耗竭的回归系数正向显著（$\gamma = 0.18$，$p < 0.01$，Model 4）。当同时输入伦理诱惑和自我调节资源耗竭时，伦理诱惑对个体偏差行为的回归系数减弱但仍然显著（$\gamma = 0.14$，$p < 0.05$，Model 6）。这说明自我调节资源耗竭在伦理诱惑与个体偏差行为之间起到部分中介作用，假设 4 得到验证。

第六节 讨论与结论

基于有限道德理论、社会学习理论等，本研究从团队和个人两个层次，检验了管理者在面临伦理诱惑时是否会实施偏差行为，以及其形成的过程机制。研究发现，伦理诱惑会导致管理者集体与个体实施偏差行为，其中，集体道德推脱会调和伦理诱惑与集体偏差行为的关系，自我调节资源耗竭则会调和伦理诱惑与个体偏差行为的关系。本研究的理论贡献、实践启示及未来研究方向如下：

一、理论贡献

1. 首次探讨了组织管理者的伦理诱惑及其影响

如前文所述，无论是在组织视角下的伦理诱惑研究，还是个体视角下的研究，学者们均忽略了在真实组织中管理者所面临的伦理诱惑。例如，Moore 等（2006）、Bastedo（2009）等将伦理诱惑这个概念引入到大学等组织中，但他们在分析时并没有从管理者这个更加具体的对象出发；以 Gino 等为代表的个体流派较多关注微观心理机制，却对真实组织环境关注不够。本研究通过构建组织情境下伦理诱惑与管理者偏差的关系，弥补了既有研究的不足。

同时，过去有关伦理诱惑的研究几乎都是在国外（尤其是西方国家）开展的。由于西方的政治及社会环境与我国存在较大差异，其组织所面临的伦理诱惑与我国管理者所面临的会有所不同。本研究首次采用问卷调查的实证方法，探讨中国情境下管理者的伦理诱惑表现以及作用机理。从调查的结果来看，各类团队的管理者均报告了不同程度的伦理诱惑，这说明伦理诱惑在我国的各类组织中是普遍存在的，也能被管理者所察觉到。实际上，无论是管理者自身，还是从事相关研究的学者，都对伦理诱惑有亲身感受与认识。当大家谈及人情文化、领导威权等因素时，往往感同身受。但是人们却缺乏明晰的概念来描述这些情况，也尚未开展更为广泛的实证调查，本研究正好填补了这方面的空白。因此，这个调查结果对于进一步推进我国情境下伦理诱惑的理论研究会有所帮助。

2. 实证检验了管理者伦理诱惑与偏差行为的直接关系

偏差行为或非伦理行为是过去学者们关注的一个热点话题，尤其是对这些行为的影响因素以及形成原因格外关注。但是，学者们过去主要从员工的个体特征、领导风格、组织文化与氛围等因素展开，对于员工外部的诱因以及与偏差行为的关系探讨得还不够。尽管学者们也提出外部的诱因可能会导致组织或管理者偏离正确的轨道，但相关的实证研究却较为缺乏。本研究是对这些观点的呼应与证实。

此外，从实施主体的角度看，既有的偏差行为研究主要聚焦于个体或集体两个独立的层面，较少有研究从集体和个体两个层面来探讨偏差行为的形成。在组织行为的研究中，个体层面的研究结果不一定能完全复制到集体层面。诱惑的存在会让集体与个体面临更大的挑战，并形成差异化的认识，进而对其偏差行为带来影响。从集体和个体两个层面来构建伦理诱惑与偏差行为的关系，将丰富偏差行为的前因变量研究，并推动偏差行为领域的多层次研究。

3. 从有限道德理论的角度，探讨了集体道德推脱和自我调节资源耗竭的中介效应

与以往有关非伦理行为或偏差行为的研究不同，有限道德理论强调个

体实施行为之前的无意识或非理性状态，这就拓展了该领域过去对理性决策的研究范围。既有偏差行为的研究主要是基于有限道德的观点，认为人们在实施类似行为之前都会有理性的分析与推理，实施该行为也是理性判断之后的结果。

与以往的研究不同，本研究的结果表明，当面临伦理诱惑时，管理者团队可能会产生集体道德推脱，认为实施偏差行为是合理的、理所当然的，进而导致集体偏差行为的产生；同时，管理者个体在伦理诱惑的影响下，自我调节的认知资源会产生耗竭，导致偏差行为的实施。该结果也在一定程度上验证了非伦理行为研究"有限理性"的观点。有限理性道德的研究结果是对传统理性道德研究的补充，进而形成偏差行为有限理性与理性的双路径，这对于人们更加丰富和全面地认识偏差行为的形成机制提供了更科学的依据。

二、实践启示

该研究以组织管理者为研究对象，关注他们在伦理诱惑下偏差行为的形成，其结果具有较强的现实意义。本研究的实践启示主要体现在以下三个方面：

1. 组织应该采取各种方式消除伦理诱惑

由于伦理诱惑对于管理者的偏差行为有直接的影响，那么消除伦理诱惑对于保护管理者并减少他们的偏差行为就有积极的作用。根据伦理诱惑的结构维度，组织具体可从以下几个方面来实施：（1）引导管理者树立正确的人情观。从过去的研究与实践看，在错误人情文化的影响下，管理者往往会用所谓的人情义务性替代制度的规范性，进而实施偏差行为。此时，组织应该对管理者做出积极的、正确的引导，通过培训、教育等方式，让其树立正确的人情观，有公私之分、正邪之分，做到慎独修身；同时，组织从制度安排上也应该减少人情文化的影响。例如，从制度设计上，组织要尽可能减少管理者的亲属、朋友成为其在工作中的利益关联者。(2)他人示范。社会学习效应往往会给管理者实施偏差行为带来较大的负面影响。为了减少偏差行为，组织应该净化环境，减少组织内不良现象的发生。尤其是对于那些较为常见的偏差行为，更应该从制度上明确界限，并采取及时、有效的手段对它们予以清除。(3)领导威权。由于我国是一个高权力距离的国家，领导者的言行举止往往会对下级造成较大的影响，"上行下效"是影响管理者实施偏差行为的主要因素之一。为此，组织应该特别强调对高层管理者的监督，为他们制定更为严格的约束与惩罚制度，让其为下级管理者树立良好的榜样。此外，组织也应该对上层管理者的权力进行约束，让其正确使用权力，进而对下属起到正面的榜样示范作用。(4)制度失效。缺乏监督的、约束的制度也会导致管理者实施偏差行为。组织应该定期检查、修订相关的管理制度，并广泛听取组织成员的合理化建议。此外，组织也可通过外部学习、标杆法等方式，向更加优秀的同行学习，并通过制度学习与迁移构建组织自身完善的制度，以预防管理者偏差行为的发生。

2. 建构组织管理者对非伦理或偏差行为的正确认知

根据本书的研究，在伦理诱惑的影响下，管理者会对非伦理/偏差行为产生错误的认识，即将非伦理/偏差行为视为合理化的、正确的选择，进而导致该类行为的发生。因此，通过一些管理措施与手段来建构管理者对行为的正确认知，是减少他们实施偏差行为的有效方式之一。

这些措施可分为正负两个方面：一方面，组织可以通过积极引导、教育、奖励等正面措施来影响管理者的认知。例如，在组织内部树立伦理道德的正面典型、奖励遵守伦理规范的管理者及员工等，让管理者在正面积极的氛围影响下，不断强化正确的伦理认知。另一方面，组织可通过对非伦理/偏差行为的惩罚来纠正管理者的错误认知。在实施惩罚措施时，组织要特别注意措施实施的及时性，警惕"破窗效应"的出现；还要加强惩罚的强度，通过外部冲击彻底扭转管理者不正确的认知。

3. 通过其他方式削弱伦理诱惑的影响

尽管本研究没有具体探讨伦理诱惑影响的调节因素，但在调研、访谈以及相关文献的阐述中，以下三方面的措施值得关注：（1）实施伦理目标绩效考核。考核是管理者行为的指挥棒，当组织的考核或奖励体系支持道德与合法行为时，管理者会更加关注实现绩效的手段和过程，尤其看重合法性与合规性，从而可能会抵制实施偏差行为和腐败行为；反之，如果组织只注重结果的达成，而不管实现结果的方式，就会导致管理者实施上述违规行为。文鹏等（2017）的综述研究也特别呼吁关注目标设置与非伦理行为的关系。因此，建议组织在对管理者的绩效考核内容中包含伦理目标，并赋予其一定的权重，该权重不可太低，否则会导致流于形式。在该考核体系的影响下，此时管理者（包括个体和集体）会更加抵制伦理诱惑，较少实施偏差行为。（2）构建组织伦理文化。伦理文化是组织内所有成员所共享的一种伦理意识或信仰。在伦理文化环境中，组织对于偏差行为、腐败行为等均有明确的界定，且对这些行为持有零容忍的态度。身处伦理诱惑时，该类组织的管理者也会反射性地加以抵制。即便发生了偏差行为，也会被组织很快识别并消除。组织伦理文化的构建，会让管理者（包括个体和集体）更加抵制伦理诱惑。构建组织伦理文化不仅要注重文化的外在形式，更要强调文化的内在表现与实际执行或落地，让伦理文化真正影响每一位管理者的日常工作。（3）建立合理的揭发制度。揭发是指员工向有影响力的组织或个人，报告其组织内实施的违背道德或法律的行为（Miceli，Near，Dworkin，2013）。研究表明，揭发制度对于组织内不道德行为和腐败行为具有较强的威慑作用。因此，建议组织建立合理的揭发制度，鼓励成员采用合法的方式揭发违规现象，这样管理者（包括个体和集体）即便在伦理诱惑的影响下，也会减少实施偏差及腐败行为。考虑到揭发行为的风险性，组织还应该特别注意对揭发者的保护，增强其实施类似行为的安全感。

三、研究局限性与未来研究展望

1. 研究局限性

本研究的局限性主要体现在以下四个方面：（1）本研究采用的是横截面的数据，因此我们从本质上检验的是变量之间的相关关系，而非因果关系。尽管假设的理论逻辑关系是伦理诱惑会通过集体道德推脱和个体自我调节资源耗竭来导致偏差行为，但是否会存在另一种逻辑，即偏差行为较高的管理者更容易产生上述伦理认知的偏差，进而更容易感知到高程度的伦理诱惑呢？在将来的研究中，需要设计能检验变量因果关系的研究方法。（2）缺乏对作用关系中边界条件的检验。本研究仅仅检验了主要变量之间的直接关系，但对它们可能在哪些条件下产生变化并未探讨。实际上，对于不同特征的团队及差异化的个体，上述关系的强度甚至是方向可能都会发生改变。（3）缺乏对其他中介机制的探讨。本研究基于有限道德理论，主要检验了集体道德推脱和个体自我调节资源耗竭这两类认知要素的中介作用。该中介机制主要聚焦于认知层面，但是否还存在其他中介作用呢？譬如，从心理机制的角度看，认知、情绪、动机都是影响个体行为的关键要素。那么，情绪或者动机是否也能在伦理诱惑与偏差行为之间产生关系呢？这些都有待未来的研究予以探讨。

2. 未来研究展望

本研究只是构建了伦理诱惑与偏差行为的直接与简单中介关系模型，未来研究的空间还较大，可尝试从以下三个方面予以展开。

（1）尝试用多种实验法检验变量之间的因果关系。由于本研究所关注的对象本质上是个体，因此也适宜采用实验法来检验变量之间的关系。未来可以让有一定工作经验的 MBA/MPA 学生为被试者，让他们在实验中扮演管理者的角色。通过实验操作的方式，让他们面临四个不同的伦理诱惑情境（高 vs 低），进而通过问卷调查了解其认知的变化，并在实验室环境下进一步观察他们实施偏差行为的可能性。该方法能克服本研究只是检验相关关系的不足，为发现它们的因果关系与作用机制提供帮助。此外，也可以采用情境实验法，让被调查者通过阅读伦理诱惑的相关材料以及观察相关视频，进而做出后续的认知判断与行为选择。

（2）边界条件的检验。在集体层面，可探讨团队任务互依性和团队情绪的调节作用。任务互依性①（task interdependence）反映了团队成员在工作任务中相互依赖的程度（Wageman，1995）。相互依赖的任务要求团队成员之间维持更高质量的社会关系，以更有效地协调彼此的工作活动。在高任务互依性的团队中，成员之间的行为和决策会产生更强的互动，并在最终的行为上达成一致。有学者也指出，不道德行为会更容易在高任务互依性的团队中传递。因此，为了完成工作任务，在伦理诱惑的影响下，高任务互依性的团队成员在态度和行为上会出现较少的分歧，更易于一致性地屈服于各种诱惑并实施集体偏差行为。相反，低任务互依性的团队成员会独立决策，且相互之间被关注的程度较少，导致团队成员对于伦理诱惑的反应会产生差异，进而会减弱集体对诱惑的屈服。

根据情感事件理论（Affective Events Theory），工作中的情绪是指个体或团队对于所经历的工作事件所产生的情感反应（Weiss，Cropanzano，1996）。团队情绪氛围（team emotional climate）是指团队成员对团队情绪及团队中情绪交换的共享感知（Liu，Sun，Haertel，2008）。作为一种团队特征，团队情绪氛围不仅会直接影响团队的行为与绩效，而且会调节外界因素对团队行为和绩效的影响。例如，刘小禹等人发现，团队积极情绪氛围通过增强成员之间的知识共享，削弱了交易型领导对团队绩效的负向影响，同时也增强了变革型领导对团队绩效的正向影响。当团队拥有积极情绪氛围时，团队成员会更主动地解决工作中的问题和挑战（刘小禹，孙健敏，周禹，2011）。面对伦理诱惑，拥有积极情绪氛围的团队会更愿意思考如何来应对这些诱因，此时团队实施集体偏差行为的可能性会减少。反

---

① 任务互依性作为一种重要的团队特征变量，也将在后面的章节中有所体现。

之，当处于消极状态时，团队成员则缺少自我效能感，会被动适应环境的影响，此时会更容易屈服于诱惑并实施集体偏差行为。

在个体层面，可重点探讨管理者道德认同①和长期/短期导向的调节作用。道德认同（moral identity）是个体所拥有的一种较为稳定的道德特质，它反映了个体对社会道德体系中诸多规范的认可程度。最近的研究表明，道德认同不仅能解释为什么不同个体实施偏差及腐败行为的差异，而且还能改变外界因素对其偏差及腐败行为的影响程度（Shao，Aquino，Freeman，2008）。由于高道德认同者对自身有较高的道德要求，他们会对不道德环境与行为更敏感。因此，他们会对伦理诱惑予以抵制，较少实施偏差行为。在现实中，为什么有些管理者依然能做到"出淤泥而不染"，这与他们具有高道德认同的特质是密不可分的。反之，低道德认同者将自身视为一个道德水平不高的人，他们会为自己的行为找到借口，因此极易受到伦理诱惑的影响，进而实施偏差行为。

长期/短期导向（long/short-term orientation）是文化价值观的维度之一，它反映了社会或个体对于短期收效或长远效果的偏好程度（Hofstede，1980）。短期导向者重视即刻效果，易于放弃长远目标而屈服于诱惑所带来的暂时满足，在伦理诱惑下实施偏差行为的可能性较大。例如，在领导威权这个诱惑因素的影响下，下级管理者的偏差行为可能会得到上级的认可而获得短期的奖励或晋升（当然也存在长期的风险），这正好迎合了短期导向者的需求。相反，长期导向者则考虑未来及潜在的结果。考虑到偏差行为潜在的负面效应，长期导向者倾向于抵制伦理诱惑对其的影响。最近的一项研究为上述观点提供了佐证。卢然发现，当上级实施一种有利于组织的不道德行为后（此时可视为一种特殊的他人示范），短期导向的下属会更容易学习与跟随上级，进而实施类似的行为。这也再次证明短期导向的管理者更易于受到伦理诱惑的影响。

---

① 作为行为伦理中非常重要的一个概念，道德认同既可以在伦理决策的过程中扮演前因或中介的角色，也可作为调节变量来改变个体的伦理决策过程。

(3)对其他中介因素的探讨。本研究主要从有限道德认知的角度来探讨伦理诱惑对偏差行为的影响，未来可进一步比较有限认知与理性认知两者在偏差行为形成过程中的作用，并检验它们对偏差行为的差异化影响。同时，除了认知角度外，研究还可以从情绪、动机等角度来探讨中介效应。情绪(emotion)在最近的研究中得到了广泛的关注，也有研究表明，负面的或消极的情绪是导致个体实施偏差行为的主要因素之一。那么，未来的研究可以检验一些具体的情绪在伦理诱惑与偏差行为之间的中介作用。例如，在伦理诱惑的影响下，管理者可能会对自己身处的组织或团队环境产生失望(disappointed)或者沮丧(depressed)的情绪，受此影响，管理者会通过实施偏差行为来缓解自身的负面情绪。此外，动机(motivation)也可能是连接伦理诱惑与偏差行为关系的关键中介因素。受伦理诱惑的影响，管理者会产生较强的内在与外在动机去实施偏差行为，以最大化地满足自己的利益。将来可构建研究模型来分别检验这些中介因素的作用，并且，还可进一步比较不同中介因素的差异性，以及在哪些条件下某一类中介因素会发挥更加重要的作用。

【参考文献】

[1] 刘小禹，孙健敏，周禹. 变革/交易型领导对团队创新绩效的权变影响机制——团队情绪氛围的调节作用[J]. 管理学报，2011，8(6)：857-864.

[2] 王芃，王忠军，李松锴. 好人也会做坏事：有限道德视角下的不道德行为[J]. 心理科学进展，2013，21(8)，1502-1511.

[3] 文鹏，陈诚. 非伦理行为的"近墨者黑"效应——道德推脱的中介过程与个体特质的作用[J]. 华中师范大学学报(人文社会科学版)，2016，4：169-176.

[4] 文鹏，任晓雅，陈诚. 目标设置对非伦理行为的影响：边界条件与理论基础[J]. 心理科学进展，2017(8)：1401-1410.

［5］Bandura A. The explanatory and predictive scope of self-efficacy theory［J］. *Journal of social and clinical psychology*, 1986, 4(3): 359-373.

［6］Bandura A. *Moral disengagement: How people do harm and live with themselves*［M］. Worth publishers, 2016.

［7］Bastedo M N. Conflicts, commitments, and cliques in the university: Moral seduction as a threat to trustee independence ［J］. *American Educational Research Journal*, 2009, 46(2): 354-386.

［8］Bazerman M H, Tenbrunsel A E, Wade-Benzoni K. Negotiating with yourself and losing: Making decisions with competing internal preferences［J］. *Academy of Management Review*, 1998, 23(2): 225-241.

［9］Bennett R J, Robinson S L. Development of a measure of workplace deviance［J］. *Journal of Applied Psychology*, 2000, 85(3): 349-360.

［10］Christian M S, Ellis A P. Examining the effects of sleep deprivation on workplace deviance: A self-regulatory perspective ［J］. *Academy of Management Journal*, 2011, 54(5): 913-934.

［11］Colbert A E, Mount M K, Harter J K, et al. Interactive effects of personality and perceptions of the work situation on workplace deviance［J］. *Journal of Applied Psychology*, 2004, 89(4): 599-609.

［12］Epley N, Dunning D. Feeling "holier than thou": Are self-serving assessments produced by errors in self-or social prediction? ［J］. *Journal of Personality and Social Psychology*, 2000, 79(6): 861-875.

［13］Gino F, Schweitzer M E, Mead N L, et al. Unable to resist temptation: How self-control depletion promotes unethical behavior［J］. *Organizational behavior and human decision processes*, 2011, 115(2): 191-203.

［14］Hofstede G. Culture and organizations ［J］. *International Studies of Management & Organization*, 1980, 10(4): 15-41.

［15］Huang G H, Wellman N, Ashford S J, Lee C, et al. Deviance and exit: The organizational costs of job insecurity and moral disengagement ［J］.

Journal of Applied Psychology, 2017, 102(1): 26-42.

[16] Judge T A, Scott B A, Ilies R. Hostility, job attitudes, and workplace deviance: test of a multilevel model[J]. *Journal of Applied Psychology*, 2006, 91(1): 126-138.

[17] Liu X, Sun J, Haertel C E. Developing measure of team emotional climate in China [J]. *International Journal of Psychology*, 2008, 43 (3-4): 285-285.

[18] Miceli M P, Near J P, Dworkin T M. *Whistle-blowing in organizations*[M]. Psychology Press, 2008.

[19] Mitchell M S, Ambrose M L. Abusive Supervision and Workplace Deviance and the Moderating Effects of Negative Reciprocity Beliefs[J]. *Journal of Applied Psychology*, 2007, 92(4): 1159-1168

[20] Moore D A, Tetlock P E, Tanlu L, et al. Conflicts of interest and the case of auditor independence: Moral seduction and strategic issue cycling[J]. *Academy of Management Review*, 2006, 31(1): 10-29.

[21] Moore C, Detert J R, et al. Why employees do bad things: Moral disengagement and unethical organizational behavior [J]. *Personnel Psychology*, 2012, 65(1): 1-48.

[22] Robinson S L, Bennett R J. A typology of deviant workplace behaviors: a multidimensional scaling study [J]. *Academy of Management Journal*, 1995, 38(2): 555-572.

[23] Shao R, Aquino K, Freeman D. Beyond moral reasoning: A review of moral identity research and it's implications for business ethics [J]. *Business Ethics Quarterly*, 2008, 18(4): 513-540.

[24] Tangney J P, Baumeister R F, Boone A L. High self-control predicts good adjustment, less pathology, better grades, and interpersonal success[J]. *Journal of personality*, 2004, 72(2): 271-324.

[25] Wageman R. Interdependence and group effectiveness[J]. *Administrative*

science quarterly, 1995(40): 145-180.

[26] Weiss H M, Cropanzano R. Affective events theory: A theoretical discussion of the structure, causes and consequences of affective experiences at work[J]. *Research in Organizational Behavior*, 1996, 18 (3): 1-74.

[27] Weaver G R, Reynolds S J, Brown M E. Moral intuition: Connecting current knowledge to future organizational research and practice [J]. *Journal of Management*, 2014, 40(1): 100-129.

[28] Whiting S W, Maynes T D. Selecting team players: considering the impact of contextual performance and workplace deviance on selection decisions in the national football league[J]. *Journal of Applied Psychology*, 2016, 101 (4): 484-497.

第六章 管理者偏差行为向腐败衍化的过程分析

如前文所指出的，管理者的偏差行为是指他们为了私利而实施的违反组织（社会）规范的轻度负面行为。相对于违规违法程度较严重的腐败行为而言，偏差行为的危害性较小。然而，这并不意味着组织应对管理者实施偏差行为采取漠视的态度。实际上，从过去大量的实践案例以及近期的理论研究来看，腐败行为往往始于那些程度较轻的偏差行为。换句话说，如果不及时发现并制止偏差行为，就可能会形成"温水煮青蛙"的状态，导致管理者一步步走向深渊。深入剖析管理者偏差行为到腐败行为的衍化过程，① 有利于组织防微杜渐，更好地防范腐败现象的发生；同时，通过透视这个微观的过程，对于提醒并保护管理者也能起到较好的作用。因此，本章将采用动态的研究视角，结合以往的理论研究与实际案例，较为系统和全面地分析管理者偏差行为到腐败行为的衍化过程，重点探讨其中的认知、情绪以及动机的多路径以及多个层面的边界条件。

---

① 在这一章的内容中，笔者并没有刻意区分集体与个体层面。从初步的逻辑分析来看，两个层面的衍化过程具有较强的相似性。为了简化分析，本章主要基于个体层面予以阐述，较少部分的内容则采用了集体层面的分析。

第一节 理论研究与现实剖析

一、相关理论研究

近些年，随着学者们对偏差行为、非伦理行为以及反腐败的关注，采用动态视角来探讨这些行为之间变化的研究也越来越多。这些研究的共同点在于，它们都紧紧围绕着行为伦理的"斜坡效应"（the slippery slope effect）来展开。该效应认为，在多次实施危害程度微小的偏差行为（非伦理行为）之后，它会逐步衍化成危害程度较大的行为。该类研究有利于人们认识腐败的衍化过程，为腐败的治理提供新的视角。下面将对该领域几个比较有影响的研究予以介绍和分析。

1. Gino 和 Bazerman（2009）的研究

他们的研究发表在《实验社会心理期刊》（*Journal of Experimental Social Psychology*）上，是较早明确提出非伦理行为为"斜坡效应"的文献。不过，他们的研究并没有直接检验偏差行为向腐败行为的转变过程，而是检验了两种伦理退化方式被观察者所接受的程度。在该研究中，作者提出两个假设：（1）人们更容易接受被观察者逐渐退化的非伦理行为，而非突然出现的非伦理行为；（2）避免观察者注意到伦理退化这种内隐偏见（implicit biases）会在一定程度上影响人们的这种倾向性，即更容易接受他人逐渐退化的非伦理行为。

为了检验上述两个假设，研究者共开展了 4 个实验。在实验开展前，研究者通过广告的形式招募了当地的大学生。实验中让这些大学生分别扮演评估者（estimator）和审核者（approver）两种角色，让一部分人在电脑上对钱罐里装有钱的数量进行多轮评估（之前会通过图片的形式进行相关的训练），进而由其他人来审核。前面多轮实验表现出"逐渐变化"的情况，第

11 轮则成为"逐渐变化"和"突然变化"的分界线。研究结果发现，相对于"突然变化"组，"逐渐变化"组中的审核者会更容易接受评估者的非伦理行为，并且这种倾向与个人的上述内隐偏见密切相关。

该研究很好地证明了非伦理行为中存在"温水煮青蛙"的现象。观察者（或者说是一般意义上的旁人）可被视为"青蛙"，当实施者在非伦理行为上只是逐步变化（即水温逐渐升高）时，这种行为更容易被观察者所接受；反之，如果这种行为的程度突然变化，观察者将难以接受。这也反映出人们会对逐步出现的、程度微小的非伦理行为有更强的接受度，也正是这种接受度导致了更严重的腐败现象的发生。

2. Welsh 等（2015）的研究

该研究发表在《应用心理学》（*Journal of Applied Psychology*）期刊上，重点关注了非伦理行为随着时间的变化而变化。作者提出的基本假设是：第一，对于潜在的非伦理行为，相对于突然变化的情境，逐步变化情境下，个体更可能会实施非伦理行为；第二，道德推脱会参与上述过程；第三，诱导的防御型焦点（induced prevention focus）会削弱上述中介效应，以及道德推脱与非伦理行为的关系。

为了检验上述观点与假设，作者共设置了 4 个研究。首先将被试者（大学生）置于任务解决的情境中，这种任务即常用的数字回答题，接着通过设置不同的奖励程度①来区分逐渐变化与突然变化两类情况，以观察被试者是否错误报告任务的完成数量。研究结果基本验证了上述假设。

与其他研究者的观点（认为员工仅仅会实施危害程度较轻的偏差行为）不同，该研究表明，如果缺乏监督，这些非伦理行为或偏差行为可能会以滚雪球的方式逐渐衍化成危害更大的违规行为。该研究带来了三个启示：第一，对于组织管理而言，应该及时地、坚决地清除那些程度较轻的非伦

---

① 逐渐变化的奖励程度为：完成第一轮，奖励 0.25 美元；完成第二轮，奖励 1 美元；完成第三轮，奖励 2.5 美元。突然变化的奖励程度为：完成第一轮和第二轮都没有奖励，完成第三轮直接奖励 2.5 美元。

理行为，以免其逐渐衍化成严重的腐败行为。逐步变化的情况是实施后续腐败行为的关键影响因素。第二，考虑到道德推脱的中介效应，组织应该特别留意个体的道德认知水平，诸如道德推脱的认知反应构成了非伦理行为重要的前因变量。组织也应该采取一些策略（如教育、惩罚等）来干预和纠正不良的道德认知。第三，考虑到组织中个体（如管理者）难免会遇到一些诱惑，那么组织应通过设置明确的伦理标准以及公开描述必须避免的伦理困境，来引导员工形成防御型焦点，这将有利于避免更严重非伦理行为的出现。

3. Garrett 等（2016）对不诚信行为大脑适应的研究

该研究采用神经心理学的研究方法，从生物学的角度证实了个体利己的不诚信（dishonesty）行为会存在斜坡效应，即初始程度较小的不诚信行为会衍化成更大的欺骗或腐败行为。该研究的成果发表在《神经症》（*Nat Neurosci*）这本期刊上。

作者采用了一种新兴的神经影像学技术，即功能性磁共振成像来实施相关的研究。他们发现，被试者大脑中杏仁核①（amygdala）的信号衰减对其不诚信的历史是非常敏感的，这暗示着大脑对不诚信具有了一定的适应性。尤为重要的是，相对于过去而言，面临当前决策时个体杏仁核会发生一定程度的信号衰减，这也表明自利型不诚信行为会在下次决策时持续出现并在一定程度上进一步扩大。与以往采用心理实验的方法不同，该研究采用神经心理学的方法，从生物学的视角观察到个体不诚信行为的生理依赖性与衍变性，该研究结果为过去非伦理行为"斜坡效应"提供了新的证据。

4. Kobis（2018）对腐败社会心理机制的研究

Kobis（2018）在其博士论文中，从社会心理学的角度探讨了腐败的形成

---

① 杏仁核是人类脑部组织的重要组成部分，主要发挥产生、识别、调节情绪以及控制学习、记忆等功能。

过程。在该研究的第 3 章中，作者重点探讨了焦点个体是如何感知社会环境的。在第 4 章，研究者主要检验了他人示范行为对焦点个体腐败行为的影响。

进一步地，作者在第 5 章尝试着去发现，危害程度巨大的腐败，其形成究竟是斜坡效应，还是悬崖效应（steep cliff effect）？换句话说，是否严重的腐败一定要经过伦理逐步退化这个过程呢？通过 4 个实验研究，该学者发现，与前面研究不太一致，当个体被突然给予机会实施腐败时，其也有可能会立即实施较大程度的腐败。此时，个体会认为，与其多次经受来自伦理上的谴责与担忧，还不如铤而走险地"一次到位"，实施一次对自己受益较大的腐败。从现实的角度看，此类悬崖效应现象也会有发生。譬如，某位管理者以前一直表现良好，但却在某一次权力使用时未能经得住诱惑，进而导致严重腐败行为的发生。不过，无论是斜坡效应，还是悬崖效应，两者并不冲突。前者主要探讨从偏差行为向腐败行为衍化的路径，重点关注两者的关系；后者则认为不经过偏差行为，也会存在腐败行为突然出现的可能性，这实际上是刻画了腐败形成的两条相互补充的路径。在本书中，我们将主要探讨斜坡效应这条路径，未来可进一步探究悬崖效应的心理机制、现实表现以及在哪些情况下会更容易产生悬崖效应。

二、现实案例剖析

现实案例剖析有利于人们更加深刻地理解非伦理行为斜坡效应的真实表现，并为本书后面的机制分析提供原始的素材。在该部分，我们选择了两个典型案例，一个是长期在国有企业工作的张杰，还原了其受贿的发展过程；另一个案例是仕途不顺的聂玉河，展现其腐败的"三部曲"。

1. 案例 1：中国恒天集团董事长张杰为行贿人"打工"

2019 年 7 月 3 日，中国恒天集团有限公司原党委书记、董事长张杰因受贿罪，被判处有期徒刑 11 年，处罚金人民币 100 万元。这也宣告了这位曾经年轻有为、风光无限的国企高管正式落入法网。

根据资料显示，1961 年出生的张杰，在 28 岁时成为纺织工业部最年轻的副处长，34 岁时出任华纺房地产开发公司总经理，成为副局级干部，40 岁时出任中国纺织机械（集团）有限公司总经理，43 岁开始陆续担任中国恒天集团有限公司副总经理、总经理、董事长、党委书记。

在其逐步走向腐败深渊的过程中，有几个关键的事件，反映了其腐败形成的轨迹。1995 年，房地产商李某在建设地产项目时因资金缺乏，向张杰求助，最终由华纺房地产开发公司出资完成了该项目；2001 年，李某又因为资金缺乏找到张杰，后者通过中国纺织机械（集团）有限公司以 2.52 亿元收购了李某名下的饭店项目，解决了其资金的缺口问题；2002 年，张杰又帮助李某出资 4000 万元，帮助其渡过难关。李某为了感谢张杰，为其在上海购置了一套价值 250 万元的房子。从早期仅仅是为了帮助朋友而非自己获益，到后期利用手中的权力来获得更大的私利，这正是张杰一步步走向腐败深渊的过程。根据媒体公开报道，张杰后续又采取类似的手法，并且变本加厉地违规使用手中的权力，相继为周某、任某等人提供帮助，进而为自己获得了更大的收益，成为名副其实的为行贿人"打工"者。

（来源：搜狐网，http://www.sohu.com/a/341315872_267106，2019-09-17。）

从上述报道中不难看出，张杰与李某打交道时，最初更多是出于对朋友的帮助，较少考虑个人利益的回报问题。但是，多次的权力违规使用却给李某带来了丰厚的收益，他深谙投桃报李、互利互惠的人际交往法则，通过行贿的方式让张杰逐步走向深渊。当我们采用历史回溯的方式来看待这个案例时，会对张杰的结局深表惋惜。对于他而言，最好的选择应是自始至终规范使用自己手中的权力，真正做到"不以恶小而为之"，才能避免自身陷入被诱惑的境地而不可自拔，尤其是在其被委任为单位的一把手时，更应该警惕权力使用的越界与违规问题。同时，对于其上级监督部门而言，也应该通过各种渠道（如匿名调研、群众访谈等）及时发现张杰在工作中的偏差倾向与苗头，并将腐败行为从根源上予以抑制。

2. 案例2：北京城建原总经理聂玉河走向腐败的"三部曲"

2007年12月6日上午，北京市第二中级人民法院对北京城建原总经理聂玉河被控受贿罪一案一审宣判，法院认定其利用职务之便先后收受19人贿赂，共154万余元，以受贿罪判处其有期徒刑13年。

聂玉河曾担任北京市大兴县县长和崇文区区长，其间并没有腐败，并且能力和业绩突出。但其特别好玩，喜欢打台球、下象棋、打牌，有时上班或者出差的时候都会打牌。聂玉河本来计划一直在政治仕途上升迁，但1999年被调任到北京市城乡建设集团任总经理，这使得他内心的一些信念开始发生动摇。

从2001年年中开始，聂玉河开始受贿。很多下属公司的负责人为了承揽工程或升迁，向大权在握的聂玉河行贿，并且，他还利用职位之便帮一些人摆平麻烦事。在此过程中，聂玉河的贪玩再次害了他。到了城乡建设集团后，聂玉河开始喜欢赌博。2002年韩日世界杯期间，聂玉河去韩国赌球，接受了下属公司某经理和一位关系户的贿赂，这些钱后来全被输光了。此外，"非典"期间，聂玉河和下属领导在完成小汤山工程后，聚众赌博，并收受了部下呈上的数万元赌资。

聂玉河在法庭上说，他主观上并没有想要受贿，但收了几次后就一发不可收拾了，他没有想到自己会走到今天这一步。

总的来看，聂玉河在政府部门任职期间没有恪尽职守，因为贪玩而怠工的行为最终使他仕途终结。然而总经理的职位让他更加放任自我，依然不改贪玩的品性，甚至玩得更大——赌博。同时，巨大的权力也使他在种种诱惑面前丧失抵抗力，在腐败的泥潭里越陷越深，最终步入法庭。

（来源：京华时报，2007 年 12 月 7 日；法制周报，2007 年 12 月 14 日。）

从上述阐述中可以看出，聂玉河一步步走向腐败是由多个因素综合作用的结果。首先，聂玉河自身贪玩、喜欢赌博等行为，这种缺乏自律的表现让行贿者很容易投其所好、有机可乘；其次，仕途的不顺让聂玉河心灰意冷，并改变了观念，进一步放松了自我约束，在思想上形成一个"斜坡"；再次，国有企业管理者拥有绝对的权力，受到的监督和约束力度不够，让其权力的使用难以受到监督，为斜坡效应打造了合适的外部环境；最后，在其所处的建筑行业，以往类似的事件时有出现，经营环境与氛围较差，这使得各种诱惑频出，最终诱使其实施腐败。正是在这些因素的综合影响下，聂玉河的偏差行为逐步衍变成了腐败行为。

第二节 认知—情绪—动机的多路径分析

从上一节的内容可知，无论是理论研究成果还是实践的案例均表明，当管理者反复实施偏差行为且得不到监督与约束时，这种偏差行为就会衍化成为危害严重的腐败行为。那么，这种衍化的过程是如何发生的呢？或者说，偏差行为是通过怎样的路径来转变成腐败行为的？本节将对这些问题予以回答。具体而言，本节将借鉴组织行为学中常见的认知—情绪—动机①多路径框架图，系统探讨其中的衍化过程。认知路径主要关注管理者对道德认知的变化；情绪路径主要关注管理者在情绪上的变化；动机路径则关注管理者在实施偏差行为之后动机的变化，进而带来的腐败行为。其框架如图 6-1 所示。

---

① 认知—情绪—动机也是微观心理研究中最常见的三种机制。

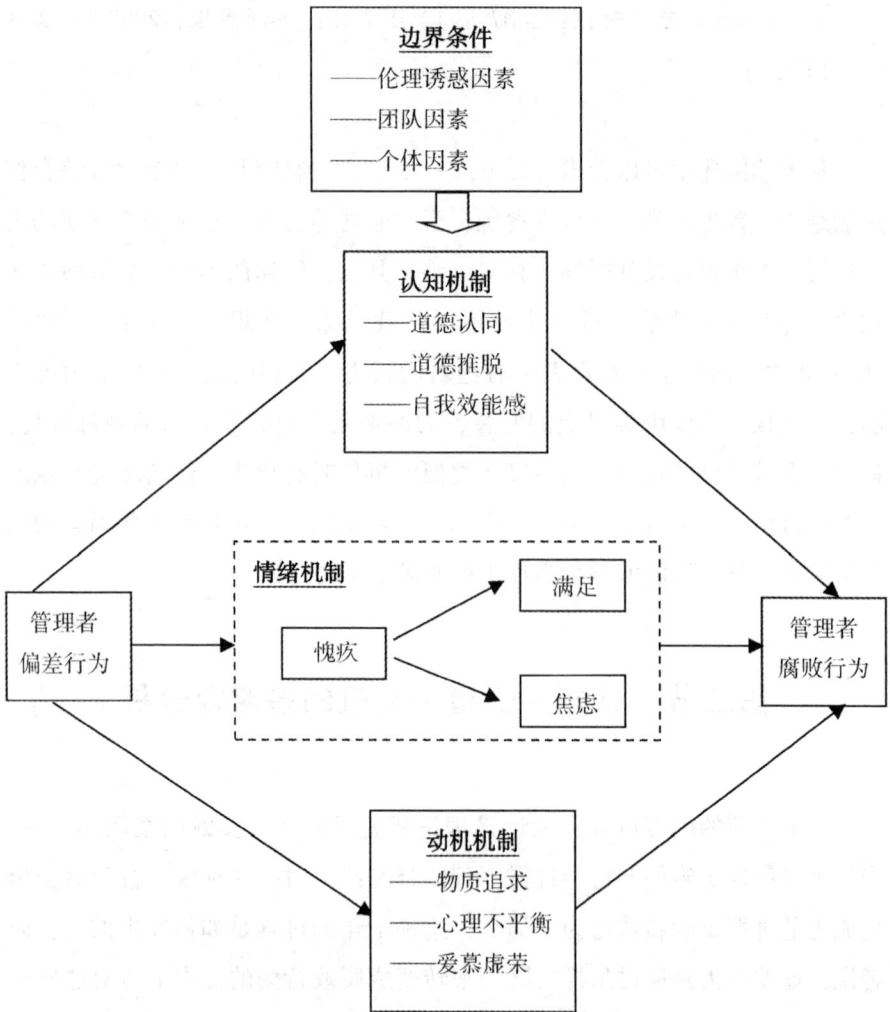

图 6-1 管理者偏差行为向腐败行为衍化的框架图

一、认知路径

认知是个体认识客观世界的信息加工活动，也是影响个体行为的关键因素。在该部分，我们将主要从道德认同、道德推脱以及自我效能感这三条路径来解释偏差行为向腐败行为的衍化过程。其中，道德认同这条路径主要用于说明管理者没有改变对道德的认识，只是承认自己的道德水准下降，于是就"破罐子破摔"，进而实施程度更严重的腐败行为，该路径属于理性认知的范畴；道德推脱则强调管理者改变了对道德的正确认知，认为偏差行为是合理的，进而"自欺欺人"地把实施腐败行为视为一种自然的选择，具有较强的有限道德决策倾向；自我效能感则强调了管理者对实施偏差与腐败行为的自信心，进而"自动加速"地实施腐败行为。

1. 道德认同——"破罐子破摔"效应

作为行为伦理与腐败领域中的一个关键概念，道德认同在多个研究模型与框架中被提及，并在本书的前文中也被提到。一般而言，道德认同是指"围绕一系列道德特质（如，诚实、有同情心、友爱等）而组织起来的自我图式（self-schema）"（Aquino et al，2002）。根据已有的研究，道德认同既可被视为个体较为稳定的特征变量（与性格等变量类似），也可被视为受情境影响的认知或状态变量。为了考察偏差行为对腐败的影响，在本节内容中道德认同被当做可改变的状态变量。道德认同度较高的人，会将自己看做一个具有高道德水准的人，更加看重友好、诚信、仁慈等道德品质，①并努力做到道德行为与自身道德认知的一致；相反，道德认同度较低的人，不太看重道德对自己的重要性，因此不会将自己看做高道德水平的人。从其结构维度看，道德认同一般可分为内化和外化两个维度，前者强调自我概念与道德特征一致的程度，比较典型的测量题项如"如果能成为具有如上道德特征的人，我会感觉较好"；后者则指个体通过行动来展示其道德特质，比较典型的测量题项如"我会主动和他人进行交流，并通过交流来展示自己具有以上道德特征"。

---

① 未来可就本土情境下道德品质的构成展开更加深入的研究。在西方的研究中，学者们主要关注的道德品质有：同情心的、公平的、友好的、慷慨的、踏实肯干的、乐于助人的、诚实的以及宽容的。那么，这些因素是否在中国情境下也同样构成道德品质的基础元素呢？这值得未来作进一步探讨。譬如，中国人讲究和谐、为集体而牺牲个体、人情往来等，这些可能会改变西方研究的道德基础。

以往的研究主要探讨外部的组织情境变量（如组织氛围、伦理型领导）会影响个体的道德认同水平，进而影响非伦理行为。在本节中，我们提出道德认同会较好地解释偏差行为向腐败行为的衍化，即当管理者多次实施偏差行为后，他们的道德认同度会下降，进而可能会实施程度更严重的腐败行为。此时道德认同成为个体实施此两类行为的理论基础。之所以道德认同会调节它们之间的关系，其具体原因有以下两个方面：

一方面，从道德认同内化的维度看，当管理者多次实施偏差行为后，其对于诚实等道德特征会不以为然，导致道德的自我图式逐渐下降。换句话说，多次实施偏差行为后，其构建的自我概念并不能很好地与理想中道德特征保持一致，这将导致管理者的道德认同度下降。此外，根据神经心理学的研究，其也发现多次实施偏差行为后可能会改变个体大脑的生物结构，导致其对于自我道德的认同度下降。此时，管理者对于道德的敏感度会下降，随着时间的推移会逐步实施腐败行为，并难以察觉腐败行为的异样性。在该过程中，管理者会呈现出这样一种内心活动：既然自己多次实施了偏差行为，那么自己的道德水准也不会很高，今后再实施程度严重的腐败行为与之前对自己的定位和认识也大致相似。正是在这种内化的认知过程中，管理者在自己的道德要求表现出明显的"破罐子破摔"特征，导致腐败的出现。

另一方面，从道德认同外化的维度看，当管理者多次实施偏差行为后，他们开始意识到自己的道德水平下降。为了与这种"较低"的水平保持一致，他们可能会进而实施更多或更严重的偏差行为（如腐败行为）。此时，管理者实施的腐败行为是通过外化的方式展示其较低的道德水准。实际上，类似的道德认同外化现象并不少见，如对于一个道德高尚的人，他/她会尽可能通过实施高道德水平的行为来印证与维持自己的道德认知；同样，对于道德水平较低的人，他们也会实施一些相应的行为来外化地表现自己的认知。

无论是内化还是外化过程，这都与费斯廷格认知失调（cognitive dissonance）理论密切相关。根据该理论，当个体的行为表现与先前的自我认知相矛盾和违背时，个体就会产生不舒服感。为了消除这种负面的感觉，个体会更加倾向于实施与自己认知相一致的行为。因此，当管理者多次实施偏差行为之后，他们对自己的道德认同程度会下降，为了维持这种认知，实施腐败行为似乎成为他们必然的选择。

2. 道德推脱——"自欺欺人"效应

在上一章，集体道德推脱被视为解释伦理诱惑与集体偏差行为的中介因素。正如前文所述，道德推脱指个体产生的一些特定的认知倾向，这些认知倾向包括重新定义自己的行为，以使其伤害性显得更小，最大限度地减少自己在行为后果中的责任和降低对受伤目标痛苦的认同（Bandura，1986）。比较典型的测量题项如"当权威人物让做某事时，人们不应该因做这些错事而承担责任""一些人必须被粗暴对待，因为他们缺乏被伤害的感觉"。从其定义和测量题项中可以看出，这些认知倾向是错误的，是对正确道德观的扭曲。

本书认为，当管理者多次实施偏差行为后，他们会产生较强的道德推脱，进而实施程度更严重的腐败行为。其原因与道德推脱涉及的三方面内容相关。

第一，道德推脱者会倾向于使用道德辩护、委婉标签、有利比较等手段，重新定义自己的行为，以使其伤害性显得更小。如上所述，无论是偏差行为还是腐败行为，其本质都是违背社会规范或法律的。但当管理者多次实施偏差行为后，他们会认为这类行为是常见的、危险较小的。例如，他们会提出，既然前面已经实施了多次类似的行为且没有被发现，今后实施腐败行为也不会带来太大的影响，此即道德辩护的过程。他们也可能实施有利比较，即相对于其他人实施的负面行为，自己所实施的偏差行为与腐败行为的危害程度较低。既然他人可以做，那么自己也可以持续实施类似行为。总而言之，在多次偏差行为的影响下，管理者会自我劝说，通过重新定义自己的行为来使其危害性更小，进而为后续实施腐败提供认知上的借口。

第二，他们会使用责任转移、责任分散、忽视或扭曲结果等方式来最大限度地减少自己在行为后果中的责任。偏差行为的多次实施会让管理者对于自身应该承担的责任产生错误的认识，实施责任转移，即认为这些行为可能本身就是被制度所允许的，自己并没有刻意违反相关的规定。他们也可能会进行责任分散，如上一章所述，在工作团队中，管理者会将自己每次的偏差行为视为他人的责任，自己并不需要承担相应的责任，这也会导致他们继续实施程度更为严重的腐败行为。此外，倘若管理者实施的偏差行为已经给他人带来了严重的负面影响，社会舆论一般会让他们停止实施类似的行为，而能够成功多次实施该行为意味着社会可以接受该类行为，受此影响该行为极易衍化成腐败行为。综合上述分析，管理者会尽可能地减少自己在偏差行为后果中的责任，进而说服自己实施腐败行为。

第三，他们也会通过非人性化、责备归因来降低对受害者痛苦的认同。即便是偏差行为或腐败行为可能会给其他人带来严重的后果，管理者也会认为，这些人对负面结果并不太看重，或者认为这些受害者本身也是导致类似结果的主要原因之一。因为抱有这些认知，管理者会尝试降低负面行为对受害者痛苦的认同，为今后自己实施腐败行为提供空间。

综合上述三方面的分析，当管理者多次实施偏差行为又未被发现时，管理者会认为这些行为在本质上是正常的，从而产生"自欺欺人"效应。此外，大量的研究也表明，当个体的道德推脱程度上升后，他们会将违背道德和法律的行为视为合理化的选择，进而无所顾忌地实施腐败行为。因此，多次的偏差行为会通过道德推脱来形成腐败行为。结合以往的理论研究，未来可通过神经心理学来检验管理者在多次实施偏差行为后，他们的大脑组织是否发生了改变，即是否产生了明显的道德推脱，进而会实施腐败行为。

3. 自我效能感——"自动加速"效应

根据 Bandura（1977）的定义，自我效能感（self-efficacy）是指个体对自己是否有能力完成某一行为所进行的推测与判断。自我效能感属于社会学习的范畴，更加注重后天的习得，即强调通过环境与自身行为来不断提升自我效能感。自我效能感强的人，对于目标更加坚定，取得的绩效会更好。由于它是一个相对宽泛的概念，最近也出现了针对不同领域或行为的自我效能感概念，如创新自我效能感，它是指向创新行为的，当它的程度较高时，个体创新行为会更强。在本书中，自我效能感更多是指向道德领域的，它反映了个体对于自身能否坚守道德底线实施道德行为的自信心程度（Owens et al，2019）。道德自我效能感强的人会更加倾向于实施亲社会行为，并减少不道德行为的发生。

道德自我效能感会较好地解释为什么在多次实施偏差行为后，管理者会产生腐败行为。这是因为在实施偏差行为的过程中，个体不仅是在不断越过社会规范的底线，也是在不断降低自身的道德标准。在该类行为的反复实施过程中，管理者对于自身在未来坚守道德规则的自信心会有所下降。他们会认为自己难以在伦理困境下做出正确的伦理决策，这与前文所提及的自我控制资源耗竭有类似之处。此时，组织创造的可以多次实施偏差行为的环境对管理者带来了巨大的挑战，让他们难以维持较高水平的道德自我效能感。一旦道德自我效能感下降，管理者就会丧失实施伦理行为的信心，将难以在后续时间里准确地做出伦理决策与判断，这会加速他们实施更严重的非伦理行为，此时腐败行为就易于产生。与道德推脱和道德认同一样，道德自我效能感也属于个体认知的范畴，但由于它呈现出加速效应，这对于抑制偏差行为向腐败的衍化将造成更为不利的影响。①

二、情绪路径

1. 情绪的相关概念

情绪（emotion）是一种复杂的个体心理活动过程，被视为针对某人或某

---

① 这与现实生活中的其他案例有类似之处。例如，一个身患重病的人，病痛折磨会让他十分痛苦。倘若又经历一次次的治疗失败，这就会对他的自信心造成较严重的打击，进而会加速其病情的恶化程度。

事的强烈感觉。它几乎在所有的场所与情境中都会出现，并且个体的情绪几乎每时每刻都会存在，因此成为解释组织行为非常重要的因素之一。情绪有别于认知的理性判断，它更倾向于采用一种即时的、多次的反应来呈现，同时它也有可能会进一步影响个体的正确认知。以现实生活为例，对于一个收入不高的人，花几个月的工资去购买奢侈品是不理智的(认知机制)。但在导购员的热情服务与劝说下，该消费者感到非常愉悦、舒服(情绪机制)，进而决定购买该商品。

根据情绪的效价(valence)，情绪可分为积极情绪和消极情绪。尽管这两个概念在语义上是相反的，但却是两个独立的概念。个体的积极情绪一般包括：愉快、惊奇、感恩(gratitude)、希望、快乐、满足(content)等，积极情绪能让个体处于舒适的状态；个体的消极情绪一般包括：伤心、生气(angry)、懊恼或沮丧(frustrated)、愧疚、紧张、抑郁(depressed)、焦虑(anxious)、狂怒(furious)等。消极情绪会引起个体的不舒适感，让个人处于一种负面的情感状态。

一般而言，情绪是随着环境变化而波动的。在组织情境中，组织策略、领导行为、同事反应都会影响焦点个体的情绪。例如，面对上级的批评，一般下属都会表现出负面情绪反应；而当其被表扬或者成功完成某项工作任务后，又会表现出积极的情绪。进一步地，较多的研究发现，情绪有利于预测员工的工作与非工作结果。它既有利于提升任务绩效、关系绩效、创新行为等工作结果，也有助于增强幸福感与减少工作—家庭冲突(成晓霞，刘云红，2015)。因此，在当前的组织管理活动中，对情绪的干预与调整也成为一项重要的策略。

2. 情绪与伦理决策

情绪与伦理决策是否存在关联呢？学者们发现，积极情绪有利于个体做出伦理的决策或做正确的事情。例如，一些研究发现，感恩这种积极情绪会让个体实施更多的亲社会行为(Bartlett, DeSteno, 2006; DeSteno et al, 2010)。Dietz 和 Kleinlogel(2014)检验了管理者的一种重要积极情绪——移情(empathy)对伦理决策的影响。研究发现，当公司陷入困难境地时，如果有权威人物要求削减员工工资，移情的管理者通常会拒绝；如果权威人物要求保持员工工资不变，移情的管理者通常不会拒绝。

最近的一些研究发现，消极情绪是减少伦理决策或者增加组织中员工偏差行为①的重要影响因素。例如，Krishnakumar 和 Rymph（2012）将负面情绪与伦理决策相结合开展研究，作者设置了两种与情绪相关的伦理困境，② 第一种与伤心情绪相关，即让被试者决定是否报告同事在工作场所中的非伦理行为。但该同事是被试者的好朋友，又是其家庭的唯一收入来源，这会引发被试者的伤心情绪。第二种与生气情绪相关，即让被试者决定在项目报告即将提交时，你是否向公司汇报报告中的潜在漏洞。在一个要求较高的项目组，你不仅要撰写项目报告，还要教新人，导致你牺牲了大量的家庭聚会时间，这会引发被试者的生气情绪。研究结果发现，伤心和生气这两种负面情绪会降低个体做出与伦理相关的决策。这是因为负面情绪会带给被试者不舒服的感觉，此时非伦理决策（情境一：对同事的非伦理行为保持沉默；情境二：不汇报报告中的漏洞）会有利于降低被试者这种不舒服的感觉，因此做出非伦理决策对于被试者来说是最明智的。

此外，Fida 等（2015）将情绪与认知、偏差行为相结合，研究发现，面对来自工作领域中的压力（包括：人际冲突、较大的工作负荷、缺乏支持等），员工会产生较强的负面情绪。这种负面情绪会增强个体的道德推脱感，进而带来较高的组织偏差行为。在该研究中，作者并没有区分负面情

---

① 与管理者偏差行为不同，此处的偏差行为是指一般员工实施的、违反组织规范且对组织或成员造成威胁的负面行为（Bennett，Robinson，2000）。

② 伦理困境并非仅仅存在于实验研究中，在现实的管理决策中仍然大量存在。例如，惠普公司前女总裁卡莉·费奥里娜曾经面临这样一种情境：自己的助理连续两年考核不合格，按照公司的制度，需要裁掉他；但该助理是其家庭收入的唯一来源，且小孩年纪尚小。对于卡莉而言，是裁掉该助理，还是不裁呢？最终，卡莉选择了极为伦理和人性化的决策，即裁掉该助理（对公司而言是伦理的决策），然后立即利用自己的社会影响力帮助该助理找到了下一份工作（对助理而言是人性化的关怀）。

绪的具体表现。不过，Motro、Ordóñez 和 Pittarello（2018）在最近的研究中细分了不同情绪是如何通过差异化的机制来影响非伦理行为的。他们主要关注了生气和愧疚两种负面情绪，一方面，生气这种负面情绪会让人们冲动，进而更倾向于实施非伦理行为；另一方面，愧疚则会让人们深思，进而会减少非伦理行为。该研究首次发现了负面情绪影响非伦理行为的双元路径，更全面地揭示了情绪在伦理决策、偏差行为形成等领域中的重要作用。

3. 情绪在本研究中的作用

那么，当管理者实施偏差行为后，他们会产生怎样的情绪呢？这些情绪与腐败行为又有怎样的关联呢？结合已有的研究，本书认为有三种关键的情绪在其中发挥作用。

首先发挥作用的情绪是愧疚。愧疚是指由于自己的某些行为带来了负面影响，并通过自我评价的过程所引发的情绪（Tracy，Robins，2004）。孟子曰："羞恶之心，人皆有之。"当管理者初次实施偏差行为后，他们可能会因为行为本身的属性产生愧疚的负面情绪，并认为自己作为管理者，理所当然应该遵守规则与制度。愧疚是一种自我意识情绪，会有利于自己进行反思并做出调整，如上所述，它会减少非伦理行为的发生。

为什么愧疚能解释偏差行为向腐败的衍化呢？这主要是与管理者面临的伦理诱惑相关。在这些诱惑的持续影响下，管理者会多次实施偏差行为。此时，愧疚的情绪会逐渐消失，进而被两种矛盾的情绪所替代，一种是消极的情绪，即焦虑；另一种则是积极的情绪，即满足。

焦虑是人类常有的一种情绪反应，尤其是当压力过大、未来充满不确定性时，都会导致焦虑的发生。从概念上看，个体的焦虑又可以分为特质性焦虑和状态性焦虑，前者与遗传相关，属于较为稳定的个体特征；后者则与外部环境相关。一些研究表明，当个体产生较强的焦虑感时，他们可能会通过实施一些偏差行为来缓解自身的焦虑感。例如，陈祉妍等（2006）在行为遗传学的研究中发现，青少年在成长过程中，经常会遇到学业、家庭关系、人际交往带来的困惑与焦虑，而此时他们对社会的适应功能与应对挫折的能力还未完全成熟，这极易导致他们实施偏差行为。朱黎君等（2020）在最近的研究中也发现，社会排斥会给大学生带来较强的社交焦虑感，为了避免和缓解这种焦虑感，他们会在网络空间中寻找安慰并实施网络偏差行为。具体到本书的研究中，当管理者多次实施偏差行为后，他们会担心这些行为东窗事发，影响自己的前途与声誉，随之产生焦虑的消极情绪。从很多落马的管理者采访记录中可以看到，他们无一例外地在较早时期就会因为自己的偏差行为而出现失眠、担心以及忧虑等现象，这种消极情绪可能会在当时从一定程度上抑制管理者进一步实施腐败行为，但是他们更可能会通过不断实施类似的甚至是程度更大的腐败行为来麻痹自己，让自己在实施这些行为的过程中降低焦虑程度。换句话说，多次偏差行为会增强管理者的焦虑感，进而让他们实施腐败行为的可能性增强。

相反，由于偏差行为是私利导向的，它会给管理者带来一定的收益，这些收益会让管理者产生一种获得感或满足感，即积极情绪上升。满足情绪通常会带来一些积极的结果，如幸福感、工作绩效提升等。但是，多次的偏差行为会不断强化管理者对于获取私利的倾向性。为了持续保持这种满足感，管理者可能会铤而走险，进一步增加实施腐败行为的可能性，即多次偏差行为会增强管理者的满足感，进而导致腐败行为。两种矛盾的情绪会相互较量，它们之间孰高孰低，往往与边界条件（如组织情境因素和个体特征因素）密切相关。

三、动机路径

（一）腐败动机

动机是影响个体行为的重要心理变量，它反映了个体在实现目标过程中的动力。在经典的管理学研究中，有很多的动机模型被提出以反映个体的动机状态，譬如马斯洛的需求层次理论强调了个体需求与动机的层次性；赫兹伯格的双因素理论从激励和保健两个方面，阐述了影响工作积极性的两类不同的动机；麦克利兰的成就需求理论，提出了个体存在三种关键的需求，分别是成就需求、权力需求以及归属需求；洛克的目标设置理论，则提出了个体是如何在目标的指引下逐步完成目标的过程。

那么，腐败行为是否存在动机呢？答案是肯定的。这是因为腐败的实施主体具有很强的个体化特征，在实施该行为之前，动机会影响与腐败相关的决策。金莲花、章燕平和石善冲（2017）在分析高管腐败时指出，企业高管腐败的发生与持续需要具备两个条件：谋取自身利益的内在动机以及不合理的外在条件，其中动机起到了关键的、基础的作用。根据学者们（如童燕军，2015）的既有研究，腐败动机大致可分为以下几类。

1. 物质追求

该动机也可称为经济动机，腐败可以带来较大的利益，这是很多管理者在实施腐败之前所产生的想法，并且，从媒体相关报道中可以看出，所有的腐败都涉及经济问题，为了获得私利腐败分子往往不择手段，甚至一些管理者把权力视为发财的手段，不放过任何机会谋取私利。随着我国经济建设不断推进，各行业的经济规模也日趋增长，这导致管理者有机会利用手中的权力获得越来越多的赃款。目前，经济动机已经成为多数腐败行为的首要动机。

2. 心理不平衡

心理平衡与否与社会比较中的公平问题密切相关。根据亚当斯的公平理论，个体的公平感源自两种比较，一种是个体现在与过去的比较，如果获得/投入的比例下降了，就会觉得不公平；另一种是个体与他人的比较，如果该比例下降也会导致不公平，这种不公平就会带来心理的失衡，进而导致滥用权力以实现自己的平衡。这种动机在政府组织的腐败中尤为凸显。相对于企业员工而言，政府组织管理者的合法收入缺乏竞争力与激励性，这容易导致他们在横向比较的过程中产生心理失衡，进而实施腐败行为。

3. 爱慕虚荣

虚荣心是自尊心的过度表现，是一种扭曲的自尊心。虚荣心人皆有之，但在不同群体身上其表现的程度存在差异。以本书的研究对象组织管理者为例，他们已经位于组织的管理层，相对于部门员工或社会的一般阶层而言，管理者往往被视为更成功的人士，这会导致他们的虚荣心更强。为此，他们会认为自己有更大的权力或空间去突破法律和规则的底线，实施一些常人无法完成的行为（如腐败行为），以展示其对权力的完全掌控。因此，受爱慕虚荣动机的影响，管理者实施腐败时可能与经济收益并无直接的关联。

(二)偏差行为、腐败动机与腐败

正是基于以上三种腐败动机的划分，本书认为管理者在实施多次偏差行为后，可能会触发这些动机，进而带来腐败。

首先，偏差行为会增强经济动机，进而带来腐败。根据前文的定义，偏差行为只能给管理者带来较小程度的收益。这种收益并不能很好地满足管理者的物质欲望，反而通过多次实施该行为，会激发管理者获得更大经济报酬的动机。多次实施的偏差行为也成为诱发经济动机与腐败行为的外部因素。现实生活中不乏这样的案例，例如有的官员平时会屡次收到他人给的小额感谢费，这在一定程度上会提醒他们手中权力所拥有的影响力以及与金钱的互换性，会让他们产生更强的经济动机，并在合适的条件下将动机转化为腐败行为。

其次，偏差行为会让管理者心理失衡，进而带来腐败。如上所述，这种心理失衡与两种比较有关联：一种是与自己的比较，随着担任管理者的时间不断增强，他们对自己所作的贡献会有更高的估计，相对于过去偏差行为给自己带来的有限好处，他们觉得当前自己应该获得更大的回报才能体现公平性，这种心理极易导致腐败的产生。另一种则是与他人的比较，如果其他人（尤其是同级别或者低级别）通过权力获得了比该管理者更高的物质收益或非物质上的荣誉，这也会导致心理失衡，进而通过实施腐败来扭转不平衡的心理。

最后，偏差行为会让管理者更加爱慕虚荣，进而带来腐败。多次实施偏差行为会让管理者意识到使用手中权力的便利性与掌控度。为了体现与其他人的不同，他们在反复违法使用权力后，会更倾向于通过实施更高程度的腐败来表现自己的差异性。以现实情境为例，某单位的一把手可能会因为自己的身份而从不遵守考勤制度，或者屡次公物私用，这会让他们的虚荣心进一步增强，认为自己是特殊的，进而为后续实施腐败提供了动力。

第三节　边界条件分析

此处的边界条件是指影响偏差行为向腐败行为衍化的外部因素，也可称为两者关系的调节变量。这些因素的存在，会导致偏差行为与腐败行为关系的变化。从整体而言，大致有三类因素会构成边界条件，分别是伦理诱惑因素、团队因素和个体因素。

一、伦理诱惑因素

如前文所述，伦理诱惑本身会通过改变管理者团队/个体的认知，带来更高程度的偏差行为。当这种偏差行为存在后，如果伦理诱惑仍然持续存在，是否会进一步影响偏差行为向腐败行为的衍化呢？本书认为，伦理诱惑因素会加速偏差行为向腐败行为的衍化过程。

作为情境变量，伦理诱惑会让管理者认为实施偏差行为或非伦理行为是合理的（认知机制），多次实施此类偏差行为并不会让他们产生过多的愧疚与焦虑。相反，他们会因为该行为给自己带来的满足感而进一步劝说自己实施此类行为（情绪机制）。此外，伦理诱惑还会暗示管理者有获得经济利益的可能性，并且在与他人的社会互动中增强心理不平衡以及爱慕虚荣的动机(动机机制)，这些都会导致腐败行为的产生。具体到伦理诱惑的四个维度，它们对上述的认知、情绪与动机三类中介的调节效应也可能会存在差异。

1. 人情文化的调节作用

人情文化会让管理者陷入人际互惠的规则中，进而容易产生认知上的偏差。当管理者多次实施偏差行为后，人情文化的持续诱惑只会加剧其在道德认知上的扭曲，一方面产生更高的道德推脱，即认为源于人际互惠的腐败行为是正常的；另一方面则带来更低的道德认同感，即认为人情关系的构建应该优于社会规范的遵守。因此，当人情文化表现程度越强时，管理者多次实施偏差行为，会带来更强的道德推脱与更低的道德认同，进而带来腐败。

2. 他人示范的调节作用

当管理者多次实施偏差行为后观察到周围人仍然在实施类似的行为，他们会将该行为视为一种自然的选择，甚至认为自己不做就会显得"另类""愚蠢"，导致道德认同与道德自我效能感的下降，以及道德推脱程度提升。同时，他人示范也给管理者提供了社会学习的机会，这些"榜样"的作用会进一步增强其实施类似的非伦理行为。也就是说，当他人示范表现程度越强时，管理者多次实施偏差行为，会带来更强的道德推脱、更低的道德自我效能感以及更低的道德认同，进而促进偏差行为向腐败行为的衍化。此外，他人示范也给管理者提供了社会比较的场景，如果自己不继续实施偏差与腐败行为，将难以消除社会比较中产生的不平衡心理，此时的他人示范增强了心理不平衡这种动机在偏差行为影响腐败过程中的中介效应。

3. 领导威权的调节作用

如前面章节所述，领导威权会改变管理者的道德认知，使道德认同程度下降。在管理者多次实施偏差行为之后，领导威权的存在也会让他们有更加充分的理由和借口来进一步实施腐败行为，此时道德推脱的程度将明显增加。因此，当领导威权表现程度越高时，管理者多次实施偏差行为，会带来更强的道德推脱以及更低的道德认同与道德自我效能感，进而促进偏差行为向腐败的衍化。在情绪机制上，当管理者通过实施偏差行为满足领导的要求之后，他们可能会获得上级的认可，进而产生更强的满足感，这也会加剧偏差行为向腐败的衍化。

4. 制度失效的调节作用

与上述三类诱惑因素一样，制度失效首先会影响管理者的认知机制（如道德推脱、道德认同、道德自我效能感），让他们认为实施偏差与腐败行为是合理的，进而导致偏差行为向腐败更快地衍化。此外，制度失效也会让管理者产生更强的经济动机。这是因为制度失效为管理者谋取私利提供了"千载难逢"的机会，自己应该通过制度暂时性的漏洞来尽可能地满足自己的私欲，这反而增强了物质追求动机在解释偏差行为向腐败衍化过程中的中介效应。

综合上述分析，无论把伦理诱惑视为一个影响偏差行为的自变量（具体内容见前面的第五章），还是当成影响偏差行为向腐败行为衍化的调节变量，其都无一例外地带来了较高程度的偏差行为以及腐败行为，减少甚至是消除这些伦理诱惑是腐败治理的重要途径。

二、团队因素

本研究将管理者置于真实的团队工作情境中，一些重要的团队因素可能会影响偏差行为向腐败的衍化。这些因素既包括团队特征变量（如任务互依性），也可能涉及团队领导者变量（如伦理型领导风格）以及团队氛围变量（如团队政治氛围、团队伦理氛围）。

1. 任务互依性

任务互依性反映了团队成员在工作任务中相互依赖的程度（Wageman，

1995）。相互依赖的任务要求团队成员之间维持更高质量的社会关系，以更有效地协调彼此的工作。在高任务互依性团队中，成员之间的行为和决策会产生更强的互动，并在最终的行为上达成一致。有学者也指出，不道德行为会更容易在高任务互依性的团队中传递。因此，为了完成工作任务，在伦理诱惑的影响下，高任务互依性的团队成员在态度和行为上会出现较少的分歧，更易于一致性地屈服于诱惑并实施集体偏差行为。此外，由于该类团队成员会较少对集体偏差行为产生不同的认识，基于斜坡效应理论，集体偏差行为更可能转变成集体腐败。相反，低任务互依性的团队成员会独立决策，且相互之间被关注的程度较少，导致团队成员对伦理诱惑的反应会产生差异，进而会减弱集体对诱惑的屈服，并最终减少集体腐败的出现。总体而言，当团队工作的任务互依性较高时，管理者偏差行为向腐败行为衍化的可能性会更强。

2. 伦理型领导

伦理型领导是指领导者通过个体行为和人际互动，向下属表明什么是规范的、恰当的行为，并通过双向沟通、强制执行等方式，促使他们遵照执行（Brown et al，2005）。它一般包括两个方面：一方面是强调"伦理的人"，即领导者对自身有很高的伦理要求；另一方面则是强调"伦理的管理者"，即领导者会通过奖惩来要求下属遵守伦理标准。大量的研究表明，伦理型领导会减少团队的非伦理行为（Mayer，Kuenzi，Greenbaum，2010；Mo，Shi，2017）。当团队的领导者是伦理型领导时，领导者本身为团队成员树立了良好的学习榜样。根据社会学习理论，其他成员会模仿其伦理行为，即便以前已经多次实施了偏差行为，他们仍将保持正确的道德认知，进而减少进一步实施腐败行为的可能性；同时，伦理型领导会制定明确的伦理标准，对于那些违背伦理标准的成员将实施严厉的惩罚，这将会降低团队成员实施偏差行为给自己带来的满足情绪，增强焦虑的负面情绪，进而降低实施腐败的概率。因此，当团队的伦理型领导程度较高时，管理者由偏差行为向腐败行为衍化的可能性会大幅下降。

3. 团队政治氛围

团队政治氛围(team politics climate)是对集体或团队现象的一种主观感知,该现象反映了团队成员运用自身的权力或资源从事自利且不被组织认同的行为(Kacmar, Ferris, 1991)。这些行为具体包括:巴结领导、背后搞小动作、关注个人利益而非组织利益、拉帮结派等。尽管它源于个体的感知,但该概念反映了团队成员的普遍认知,可以汇集到集体层面上。① 团队政治氛围在几乎所有的团队中都会出现,它是人类社会行动在团队情境中的具体表现。从研究结果来看,团队政治氛围不利于团队成员之间的团结,会造成团队成员的不公平感,进而对团队绩效产生负面的影响(陈梦媛,吴隆增,2019;陈礼林,杨东涛,秦晓蕾,2012)。

团队政治氛围会影响偏差行为向腐败衍化的两类中介变量,即认知与动机。具体而言:(1)在认知机制上,团队政治氛围提倡采用非规范的手段来谋取个人利益,这实际上是在鼓励管理者继续实施偏差行为,会让他们认为这种行为是合理的,进而道德推脱程度增加。受这种氛围的影响,管理者很难用更高的道德标准来要求自己,进而导致道德认同程度和道德自我效能感的下降。同时,该氛围为管理者提供了可以学习的负面典型,进而会增强其实施腐败行为的自我效能感,这些都会导致偏差行为向腐败衍化的认知机制增强。(2)在动机机制上,团队政治氛围会明显增强管理者的心理不平衡感。当感知到大家都在通过各种手段(包括不正常的手段)达成自己的目标时,管理者会变本加厉地推进偏差行为向腐败行为的衍化进程。由此可见,团队政治氛围也可被视为促进偏差行为向腐败行为转变的社会环境。在该环境中,团队成员会相互比较与学习,并为了维护自己认定的公平感,进而实施腐败行为。

---

① 这也是该概念与伦理诱惑中"他人示范"概念的不同之处。从变量的层次性来看,他人示范一般属于管理者个人感知的个体层面变量,但团队政治氛围则是以团队为分析层次,反映了团队成员集体表现出的感知。

4. 团队伦理氛围

伦理氛围(ethical climate)是指组织或团队成员对组织(团队)所包含伦理内容的政策与程序的共同认知,并且指引工作中伦理行为的构建(Victor, Cullen,1987)。员工在面临伦理困境时,伦理氛围体现了对如何看待和解决伦理问题的感知,是全体员工的共同体验与感知。从其具体构成要素来看,伦理氛围又可细分为关怀型、独立型、法律规范型、规章制度型以及自利型伦理氛围。其中前四个维度是基于功利主义与义务论的氛围,有利于非伦理行为的减少;自利型伦理氛围是基于自利决策标准形成的氛围,反而会增强非伦理行为(Wimbush,Shepard,1994;Murphy,Free,2015)。为了论述方便,下面将伦理氛围划分为自利型伦理氛围和非自利型伦理氛围。

团队情境下伦理氛围对偏差行为向腐败衍化具有调节作用。首先,非自利型伦理氛围会削弱偏差行为带来的道德方面的认知,进而阻止其向腐败的衍化。这是因为,即便管理者通过实施偏差行为形成了较高的道德推脱以及较低的自我效能感与道德认同,但当他/她感知到周围的环境提倡利用道德的方式来解决问题,并且这种感知是在团队内共同存在的,将会在一定程度上纠正错误的道德认知,进而减少腐败的实施。相反,自利型伦理氛围则会强化偏差行为带来的道德方面的认知,进而增强腐败。综合来看,团队伦理氛围会调节道德方面的认知(道德推脱、道德认同以及自我效能感)在偏差行为向腐败衍化过程中的中介机制。

其次,在情绪机制方面,非自利型伦理氛围可能会削弱偏差行为带来的满足感,进而减弱腐败行为的实施。如上所述,尽管实施偏差行为会给个人带来收益并增强满足感,但当周围都不太认可这种行为时,管理者实施该类行为获得的满足感就会有所下降,进而腐败的可能性也会下降。反之,自利型伦理氛围会强调自己的收益,进而增强偏差行为带来的满足感,反而促进了腐败的实施。

最后,在动机机制方面,非自利型伦理氛围会显著地降低偏差行为导致的心理不平衡与虚荣心,对腐败实施有削弱作用。该伦理氛围为实施伦理决策与行为提供了较好的社会环境，倘若身处该环境下的管理者未能遵守道德准则，他们将会受到同事的排斥与谴责。同时，该伦理氛围意味着大家都在按照伦理道德方式行事，违规谋取私利的情况较少出现，这不会让管理者在社会比较过程中产生失衡感，进而减少腐败的发生。反之，自利型伦理氛围会让管理者认为自己收益较少，应该通过实施获益程度更大的腐败行为来获得平衡感并建立虚荣心，这反而会促进腐败的产生。

三、个体因素

在个体层面，一些个体特征（如长期/短期导向、促进/防御型调节焦点以及内部/外部控制点）将会影响偏差行为向腐败的衍化。此外，个体的能力（如反思能力）也将在上述衍化过程中发挥调节作用。

1. 长期/短期导向

长期/短期导向是文化价值观的维度之一，它反映了社会或个体对于短期收效或长远效果的偏好程度（Hofstede，1980）。短期导向者重视即刻效果，易于放弃长远目标而屈服于诱惑所带来的暂时满足，在伦理诱惑下实施偏差行为的可能性较大。例如，在领导威权这个诱惑因素的影响下，下级管理者的偏差行为可能会得到上级的认可而获得短期的奖励或晋升（当然也存在长期的风险），这正好迎合了短期导向者的需求。此外，由于偏差行为满足了其短期目标，短期导向者可能会反复实施此类行为，进而在斜坡效应的影响下演变成腐败行为。相反，长期导向者则考虑未来及潜在结果。考虑到偏差及腐败行为潜在的负面效应，长期导向者倾向于抵制伦理诱惑对其的影响。

具体到认知、情绪与动机三类中介机制中，短期导向的管理者更看重眼前的收益而相对忽视实施这些负面行为可能带来的长期负面影响，这会进一步影响其在多次实施偏差行为后的道德层面的认知。此外，在情绪机制中，这类管理者也会因为实施偏差行为产生很强的即时满足感，进而带来腐败行为。相反，长期导向的管理者更加看重长远目标，会比较重视自身行为给今后带来的各种影响，导致在上述两方面(认知与情绪)的表现会相对减弱。因此，短期导向会加速管理者偏差行为向腐败的衍化，长期导向则会抑制该衍化过程。

2. 促进/防御型调节焦点

调节焦点理论(regulatory focus theory，RFT)是关于人们在作决策时通过自我调节来实现追求目标的激励理论，其中调节焦点分为促进型调节焦点和防御型调节焦点两类(Higgins，2012)。① 当个体是促进型调节焦点时，他们更倾向于关注对理想状态的追求；当个体是防御型调节焦点时，他们则会尽量避免失误。换句话说，促进型调节焦点者会采用"攻势"，而防御型调节焦点者更倾向于采用"守势"。

对于促进型调节焦点的管理者，当他们多次实施偏差行为后，他们会为了进一步强化之前获得的满足感(情绪机制)而实施程度更高的行为，即腐败行为。同时，他们也会为了追求自己的"理想"而积极地与他人进行比较，极易产生心理不平衡感以及爱慕虚荣的心态(动机机制)。此时实施腐败行为会成为其自我调节后的一种自然选择。因此，促进型调节焦点会促进管理者偏差行为向腐败行为的衍化。相反，当管理者具有防御型调节焦点的特征时，他们会更加关注工作中是否有损失，因而会回避工作中消极的因素。此时，即便他们多次实施了偏差行为，但为了减少将来的损失，他们会较为警惕导致腐败行为发生的错误认知、不良情绪以及动机，进而会弱化自己进一步实施腐败行为的倾向，即防御型调节焦点的管理者会阻止偏差行为向腐败行为的衍化。

3. 内部/外部控制点

作为一种常见的个体特征，控制点反映了个体对于事物掌控程度的感

---

① 从已有研究来看，调节焦点既可被视为稳定的个体特征，又可当做情境影响下的状态变量。在此处，本书将其视为稳定的特征，以考察其是如何影响偏差行为向腐败衍化的。

知。有些人倾向于将事物发生的结果归结于自己内在的努力与能力，这类人属于内控型(internal control)个体；有的则将结果的发生归结于外部的运气或其他不可控制的因素，即为外控型(external control)个体(Rotter，1966)。从上述定义中不难看出，内控型个体更加相信通过自己的行为能改变结果，进而比较关注自身内在因素与结果的关联；外控型个体则在外部因素与结果之间构建了联系，导致他们容易忽视与自身相关因素的作用，进而倾向于从外部寻找借口或安慰。元分析结果表明，在实施伦理决策时，相对于内控型个体而言，外控型个体更容易将伦理决策的责任推卸给外部的其他因素，进而导致非伦理行为的产生(Kish-Gephart，Harrison，Trevino，2010)。

控制点会通过认知机制来影响管理者偏差行为向腐败的衍化。对于外部控制点的管理者，当他们实施偏差行为后，会认为这种结果是由于外部因素导致的。例如，他们可能会将偏差行为的产生与人情文化、他人示范、领导威权以及制度失效等伦理诱因联系起来，强调自己在实施此类行为时的非主动性与无意识性。这会极大地增强他们的道德推脱水平，导致腐败的发生。同时，当他们将偏差行为视为由外部因素引起时，会忽略对自己的道德要求，这将降低他们的道德认同程度以及道德自我效能感，进而带来腐败。相反，对于内部控制点的管理者，当实施偏差行为后，他们会更加看重偏差行为与自身因素的联系。例如，他们可能会认为自己对偏差行为的性质认识不够或者对自身要求不高等。这会进一步改变他们的道德认知，有利于降低他们的道德推脱水平，并提升道德认同与道德自我效能感。综合这些分析，本书认为管理者的内部控制点会弱化偏差行为向腐败的衍化，而外部控制点则会促进该衍化过程。

4. 反思能力

反思是人类特有的内省行为，是对过去所发生事情的调控与校正(周进芳，2015)。对于不同的个体，其反思能力存在差异。在组织情境中，反思能力强的人，将对周围发生(尤其是与自身相关)的事情进行深度的思考，这将有利于他们改变自己的工作思路、方向与行为；反之，反思能力较低的人则不太会思考自己上述表现的好坏，进而倾向于延续自己过去的一贯做法。

反思能力将会影响管理者偏差行为向腐败行为的衍化。首先，在认知机制方面，反思将会改变因偏差行为带来的与道德相关的认知。无论是较高的道德推脱，还是较低的道德认同与道德自我效能感，它们都会加速偏差行为向腐败行为的衍化。反思能力会让管理者对上述认知进行质疑，例如，自己实施的偏差行为是正确的吗？这些行为都是外部不可控因素导致的吗？自己能否恢复到较高的道德水平？这些质疑将对管理者原有的认知形成挑战与冲击，进而减少腐败现象的发生。其次，在情绪机制方面，反思有利于管理者更好地调整与改变自己的情绪反应，冷静思考将有利于减弱管理者的焦虑感，深度反思也将使管理者质疑自己以往关注的满足感，这些都会阻碍偏差行为向腐败的转变。最后，在动机机制方面，反思有利于管理者重新认识自己的主导需求，纠正过去过分看重经济利益的做法，并可能会否定自己心理不平衡、爱慕虚荣等动机，进而减弱偏差行为向腐败行为的衍化。从现实管理的角度看，并非每个人都拥有较高的反思能力，或者说反思能力是一种个体所拥有的稀缺资源，这需要组织通过各种方式来不断提升管理者的反思能力，这些方式包括培训与教育管理者、为他们树立良好的榜样、及时纠偏等。在外部环境难以快速调整以及伦理诱惑难以完全消除的情况下，管理者自身的反思能力在抑制腐败方面就显得格外重要。

第四节　理论启示与未来研究展望

本章采用文献回顾与理论分析的方式，对组织情境下管理者偏差行为向腐败衍化的可能性、中介机制以及边界条件进行了全面的阐述。综合上述分析，可以得出以下结论：第一，当管理者多次实施偏差行为后，该行为可能会向危害程度更大的腐败行为衍化；第二，在该衍化过程中，管理者的认知（道德推脱、道德认同与道德自我效能感）、情绪（愧疚、焦虑与满足）以及动机（物质追求、心理不平衡以及爱慕虚荣）发挥中介作用，能较好地解释为什么偏差行为会向腐败行为衍化；第三，在该衍化过程中，伦理诱惑因素（人情文化、他人示范、领导威权以及制度失效）、团队因素（任务互依性、伦理型领导、团队政治氛围、团队伦理氛围）以及个体因素（长期/短期导向、促进/防御型调节焦点、内部/外部控制点以及反思能力）都将影响偏差行为向腐败的衍化过程。下面对本章的理论启示以及未来研究展望进行详细阐述，与本章相关的管理启示将在下一章予以分析。

一、理论启示

本章的理论启示主要体现在以下三个方面。

1. 基于行为伦理的斜坡效应以及相关研究，为偏差行为向腐败衍化提供了较强的理论依据

无论是 Gino 和 Bazerman（2009）的研究，还是 Welsh 等（2015）的实验发现，他们都得出了相似的结论，即人们（旁观者）更加容易接受渐进式的而非突发式的非伦理行为或偏差行为。这是一个"危险的信号"，因为它实际上为管理者多次实施偏差行为提供了外部默许的环境。在现实生活中，我们也会经常听到有人说"这是一个小问题""不是原则性的问题"等，而这些观点恰好推进了管理者由偏差行为向腐败行为的衍化过程。这些研究也再次证实了偏差行为并非静态存在的，多次实施该类行为将导致腐败的发生。

Kobis 等（2018）从社会心理学的角度，提出了一个很有意思的话题，即在行为伦理领域，究竟会发生斜坡效应，还是悬崖效应呢？他们的研究结果认为是后者而非前者，即腐败行为是突然发生的。该研究看似对本章所提出的命题形成了挑战，实则不然。本书的基本逻辑是伦理诱惑带来有限道德认知，导致偏差行为的出现，并进一步衍化为腐败。也就是说，伦

理诱惑为斜坡效应以及逐步实施腐败提供了一个外部环境。它并不排斥与否定 Kobis 提出的悬崖效应。从笔者对我国现实的观察判断，多数管理者的腐败都是由斜坡效应导致的。这似乎与中国传统文化有一定的关联，例如中国人一般不会太张扬与显露，喜欢采用中庸式的、渐进式的为人处世态度。

此外，在研究方法上，过去有关斜坡效应的多数研究都采用了实验法，在多轮实验中检验多次轻微的偏差行为如何向更严重的行为衍化。实验法有利于考察上述变量之间的动态过程。Garrett 等（2016）则从方法上进行了创新，他们从神经心理学的角度证实了斜坡效应发生的可能性，进一步证实了本章所提出的观点与命题。未来的研究可以尝试多种方法的使用。

2. 从认知、情绪与动机三个方面，探讨了管理者偏差行为向腐败行为的衍化过程

首先，在认知机制方面，本章分别提出了道德推脱、道德认同以及道德自我效能感的作用，三者分别对应着不同的逻辑或者是衍化的不同侧面，道德推脱体现了管理者在衍化过程中的"自欺欺人"心理，将偏差行为合理化，为自己进一步实施腐败提供了认知上的借口（Bandura，1986）；道德认同则体现了"破罐子破摔"的心理，对自己的道德身份进行了否定；道德自我效能感是偏差行为向腐败行为衍化的"加速器"，暗示着管理者一旦丧失了自己遵守道德标准的自信心，将会加快上述衍化过程。尽管以往学者比较看重认知在偏差或腐败行为形成过程中的作用，但较少有人系统地分析认知的不同元素所发挥的作用，本章进一步推进了对腐败形成认知机制的研究。

其次，本章也发现，情绪机制也能很好地解释偏差行为向腐败行为的衍化过程。尽管情绪具有即时性与短期性，但这种机制在近些年也受到了行为伦理领域的关注。具体而言，本章提出了三类情绪在衍化过程中扮演的重要角色，它们分别是愧疚、焦虑与满足，它们也是个体常有的情绪状

态。根据前文的分析，当管理者偶尔实施一次偏差行为时，他们可能会因为该行为与自己的身份不相符而产生愧疚感。但是，随着多次实施偏差行为，这种愧疚感会消失。无论是焦虑还是满足，它们都会促进偏差行为向腐败的衍化。这将对今后的腐败研究提供新的启示，即腐败实施者可能会产生多种情绪反应，这些情绪反应之间会产生相互的作用，也可能会在衍化过程中消除或凸显。

最后，动机也被发现是解释偏差行为向腐败行为衍化的重要机制。本章共提出三种动机，即物质追求、心理不平衡以及爱慕虚荣。从动机的类别来看，物质追求属于经济动机，后两类属于非经济动机。在既有的腐败研究中，学者们较多地关注了腐败的经济动机，并倾向于从理性经济人的角度来分析管理者实施腐败带来的收益与成本。实际上，人的动机是多方面的，本章研究发现非经济动机也可能会导致偏差行为向腐败行为的衍化。这与社会组织的真实情境也是一致的，管理者并非独立存在，他们几乎每天都会参与大量的社会互动，并在这种互动过程中进一步产生心理的变化。这为反腐败的研究提供了新的视角，即未来可加强从社会心理的角度来认识腐败产生的过程。①

3. 伦理诱惑因素以及一些关键的团队和个体因素均能调节偏差行为向腐败的衍化

首先，本章的内容加深了对伦理诱惑的认识。在前面的章节内容中，主要探讨了伦理诱惑通过有限道德认知进而影响管理者的偏差行为。此时，伦理诱惑是偏差行为形成的主因，即自变量。本章的内容则探讨该问题：倘若偏差行为出现后，伦理诱惑因素持续存在，会导致什么结果出现呢？结果发现，伦理诱惑会促进偏差行为向腐败行为的衍化。作为外部诱惑因素的组合，伦理诱惑通过人情文化、他人示范、领导威权以及制度失

---

① 实际上，本书正是从社会心理学的角度系统地探讨了腐败的形成与治理，这种微观视角应成为未来研究的新方向。

效等要素，进一步改变了偏差行为对管理者认识、情绪以及动机的影响，进而导致腐败发生的概率增加。从该研究结果来看，无论是消除偏差行为，还是减弱偏差行为向腐败行为的衍化，都需要减少甚至是消除伦理诱惑对管理者的影响，这也正是本书的立足点与创新之处。

其次，由于管理者自身是嵌入在团队工作情境中的，一系列团队因素会调节偏差行为向腐败行为的衍化过程。这些团队因素包括：任务互依性、伦理型领导、团队政治氛围以及团队伦理氛围。任务互依性属于团队客观存在的特征变量，为衍化提供了相对稳定的团队环境。该发现并非意味着今后要打破任务互依性的工作模式，而是对于任务互依性强的团队，要格外重视其偏差行为在团队内衍化的过程；伦理型领导是影响下属伦理决策的关键变量（Brown et al，2005）。以往的研究较多关注伦理型领导对下属的直接影响，较少有人把它视为一种团队情境变量，进而探讨其在偏差行为向腐败衍化过程中的调节作用。正是考虑到我国各类组织的管理者经常会面临各种伦理诱惑进而实施偏差行为，此时伦理型领导的出现与干预就显得格外重要了。团队政治氛围和团队伦理氛围属于相对"软性"的、隐性的元素，但它们对团队成员的影响却无处不在。未来应该加强对积极团队氛围的建设，并削弱消极团队氛围对管理者的影响。

最后，管理者的一些关键个体因素也会改变偏差行为向腐败行为的衍化进程。这些个体因素包括：长期/短期导向、促进/防御型调节焦点、内部/外部控制点以及反思能力，前三个是特征因素，最后一个与能力相关。这些研究结果表明，对于不同的个体，他们在实施偏差行为后会带来差异化的认知、情绪与动机，进而实施腐败的程度也会有所区别。该研究结果也能很好地解释为什么面对伦理诱惑导致的偏差行为，有的管理者会在"斜坡效应"上表现得更加明显，有的却受影响的程度较小。这将有利于完善偏差行为向腐败行为衍化的模型，并充分了解到个体差异性对该过程的影响。

二、未来研究展望

基于本章的研究内容，未来还可以在研究方法、中介比较以及多层次调节机制方面予以展开。

(一) 加强实证研究

基于既有文献与理论，本章仅仅提出了偏差行为向腐败行为衍化的理论模型，模型中所提出的观点尚未得到验证。未来可以通过多种实证研究方法予以检验。

1. 案例研究法

尽管上文列举了几个典型案例，但未来仍然可以在该方法上予以推进。譬如，可以尝试对不同组织(包括公共组织与企业组织)进行比较，通过多案例分析来认识偏差行为向腐败行为衍化的过程。此外，还可以借鉴扎根理论等质化研究方法，构建新的理论模型，以便对本书提出的框架进行优化。

2. 实验法

由于本章提出的理论框架具有较强的因果关系，故适宜采用实验的方法来进行检验。可尝试以在校的 MBA 或 MPA 学生为被试者，构建多次实施偏差行为的情境，观察其在不同的边界条件下发生腐败的概率，并检验中介机制的作用。

3. 问卷调查法

由于本书的管理者都是嵌入在真实组织与团队中的，故也可采用问卷调查法来收集相关的数据。考虑到变量之间的因果关系，未来需采用纵向的、多时间点的调查方法。此外，由于本研究涉及的变量较为敏感，在实际调查中还需要对被调查者进行详细的解释，让他们放心填写问卷。

(二) 对衍化过程中不同认知、情绪或动机的元素进行比较

为了更加充分地阐述偏差行为向腐败行为的衍化进程，本章提出了多

个中介与调节机制。那么，它们之间的重要性是否存在差异呢？这还需要在今后予以检验。以认知机制为例，上文提出道德推脱、道德认同与道德自我效能感三种中介要素，分别对应着"自欺欺人"效应、"破罐子破摔"效应以及"自动加速"效应。在不同的环境下，它们在解释衍化过程时是否存在差异？我们初步认为，当管理者较多地受到团队因素（如任务互依性）的影响时，他们更倾向于在实施偏差行为后产生道德推脱，并将行为的发生归因于外部的影响；相反，当他们的工作相对独立时，道德认同与道德自我效能感的中介效应会更强。未来可以采用实证研究的方法，比较这些因素在解释上的差异。

(三) 构建组织、团队与个体的多层次调节机制模型

正如前文所述，本书研究的对象是嵌入在真实的组织中，因此与组织相关的因素均会影响管理者的决策。根据当前组织管理的多层次研究范式，未来可构建组织、团队与个体多个层面相互影响的调节机制模型。例如，未来可探讨怎样的组织策略会影响团队氛围（如团队伦理氛围），进而影响偏差行为向腐败行为的衍化过程；团队层面的氛围以及伦理型领导能否通过影响管理者个体的某些状态因素（如道德认同），进而调节上述衍化过程。未来还可以探讨三个不同层次相互之间的交互作用，进而探讨这些交互作用对衍化过程的影响。总之，在一个复杂的组织体系中，未来研究要充分考虑组织、团队以及个体三种因素的综合作用，为偏差行为向腐败行为衍化提供更加全面的边界条件。

【参考文献】

[1]陈礼林，杨东涛，秦晓蕾. 国有企业员工组织政治知觉与自愿离职——工作价值观的调节作用[J]. 华东经济管理，2012(6)：97-101.

[2]陈梦媛，吴隆增. 组织政治氛围与组织绩效的关系研究[J]. 南开管理评论，2019，22(1)：55-65

[3] 陈祉妍，李新影，杨小冬，葛小佳. 青少年焦虑、抑郁与偏差行为的行为遗传学研究[J]. 心理科学进展，2006，14(4)：540-545.

[4] 成晓霞，刘云红. 情绪工作研究综述[J]. 科技展望，2015(9)：241.

[5] 童燕军. 新形势下腐败动机影响因素探析[J]. 内江师范学院学报，2015(11)：91-94.

[6] 金莲花，章燕平，石善冲. 高管腐败的内在动机及外在条件[J]. 河北工业大学学报(社会科学版)，2017(4)：41-46.

[7] 周进芳. 个体反思机制的形成与培育[J]. 郧阳师范高等专科学校学报，2015，35(5)：73-75.

[8] 朱黎君，叶宝娟，倪林英. 社会排斥对大学生网络偏差行为的影响：社会焦虑的中介作用与网络消极情绪体验的调节作用[J]. 中国特殊教育，2020(1)：79-83.

[9] 卢然. 上级亲组织非伦理行为对下属负面非伦理行为的影响[D]. 华中师范大学，2014.

[10] Aquino K，Reed I I. The self-importance of moral identity[J]. *Journal of Personality and Social Psychology*，2002，83(6)：1423-1440.

[11] Bandura A. *Social learning theory*[M]. New York：General Learning Press，1977.

[12] Bandura A. *Social foundations of thought and action：A social cognitive theory*[M]. Englewood Cliffs，NJ：Prentice-Hall，1986.

[13] Bartlett M Y，DeSteno D. Gratitude and prosocial behavior：Helping when it costs you[J]. *Psychological Science*，2006，17(4)：319-325.

[14] Brown M E，Treviño L K，Harrison D A. Ethical leadership：A social learning perspective for construct development and testing [J]. *Organizational Behavior and Human Decision Processes*，2005，97(2)：117-134.

[15] DeSteno D，Bartlett M Y，Baumann J，Williams L A，et al. Gratitude as moral sentiment：emotion-guided cooperation in economic exchange[J].

Emotion, 2010, 10(2): 289-293.

[16] Dietz J, Kleinlogel E P. Wage cuts and managers' empathy: How a positive emotion can contribute to positive organizational ethics in difficult times[J]. *Journal of Business Ethics*, 2014, 119(4): 461-472.

[17] Fida R, Paciello M, Tramontano C, et al. An integrative approach to understanding counterproductive work behavior: The roles of stressors, negative emotions, and moral disengagement [J]. *Journal of Business Ethics*, 2015, 130(1): 131-144.

[18] Garrett N, Lazzaro S C, Ariely D, Sharot T. The brain adapts to dishonesty[J]. *Nature Neuroscience*, 2016, 19(12): 1727-1732.

[19] Gino F, Bazerman M H. When misconduct goes unnoticed: The acceptability of gradual erosion in others' unethical behavior[J]. *Journal of Experimental Social Psychology*, 2009, 45(4): 708-719.

[20] Hofstede G. Culture and organizations [J]. *International Studies of Management & Organization*, 1980, 10(4): 15-41.

[21] Kacmar K M, Ferris G R. Perceptions of Oganizational Politics Scale (POPS): Development and construct validation [J]. *Educational and Psychological Measurement*, 1991, 51(1): 193-205.

[22] Köbis N C. *The Social Psychology of Corruption* [D]. University of Amsterdam, 2018.

[23] Kish-Gephart J J, Harrison D A, Trevino L K. Bad apples, bad cases, and bad barrels: meta-analytic evidence about sources of unethical decisions at work [J]. *Journal of Applied Psychology*, 2010, 95(1): 1-31.

[24] Krishnakumar S, Rymph D. Uncomfortable ethical decisions: The role of negative emotions and emotional intelligence in ethical decision-making[J]. *Journal of Managerial Issues*, 2012(7): 321-344.

[25] Mayer D M, Kuenzi M, Greenbaum R L. Examining the link between

ethical leadership and employee misconduct: The mediating role of ethical climate[J]. *Journal of Business Ethics*, 2010, 95(1): 7-16.

[26] Mo S J, Shi J Q. Linking ethical leadership to employees' organizational citizenship behavior: Testing the multilevel mediation role of organizational concern[J]. *Journal of Business Ethics*, 2017(14): 151-162.

[27] Motro D, Ordóñez L D, Pittarello A, Welsh D T. Investigating the effects of anger and guilt on unethical behavior: A dual-process approach[J]. *Journal of Business Ethics*, 2018, 152(1): 133-148.

[28] Murphy P R, Free C. Broadening the fraud triangle: Instrumental climate and fraud[J]. *Behavioral Research in Accounting*, 2015, 28(1): 41-56.

[29] Owens B P, Yam K C, Bednar J S, et al. The impact of leader moral humility on follower moral self-efficacy and behavior[J]. *Journal of Applied Psychology*, 2019, 104(1): 146-163.

[30] Rotter J B. Generalized expectancies for internal versus external control of reinforcement[J]. *Psychological Monographs*, 1966, 80(1): 1-28.

[31] Victor B, Cullen J B. A theory and measure of ethical climate in organizations[J]. *Research in Corporate Social Performance and Policy*, 1987, 9(1): 51-71.

[32] Welsh D T, Ordóñez L D, Snyder D G, et al. The slippery slope: How small ethical transgressions pave the way for larger future transgressions[J]. *Journal of Applied Psychology*, 2015, 100(1): 114-127.

[33] Wimbush J C, Shepard J M. Toward an understanding of ethical climate: Its relationship to ethical behavior and supervisor influence[J]. *Journal of Business Ethics*, 1994, 13: 637-647.

第七章　腐败治理的策略

从过去的理论研究与现实表现来看，组织情境下的腐败治理往往表现出多样化的策略。与既有研究与做法不同，本书在前面已充分分析了管理者在面临伦理诱惑时认知、情绪与动机的表现，并指出伦理诱惑是过去一直存在但又被研究者和实践者相对忽略的关键影响因素。此外，本书的研究也发现，很多的腐败行为并非突发性的，存在一个渐进和衍化的过程。因此，本章将重点从减少和消除伦理诱惑以及预防偏差行为向腐败行为衍化等方面，提出破除人情腐败、降低他人示范的不良影响、减弱领导威权的负面效应、预防及矫正制度失效以及对腐败的防微杜渐共五大类腐败治理策略。在阐释这些策略时，本书也将充分结合前文中提及的主要边界条件(如伦理型领导)以及腐败的动态衍化过程，并从社会或政府、组织、团队、个体等多个层面来分析对应的对策，以期为我国各类组织中的腐败预防与治理提供一些新的启示与借鉴。

第一节　破除人情腐败

本书认为，需要从"软""硬"两方面着手，来破除人情腐败。"软"策略注重价值观与习惯的引导、培养与教育；"硬"策略则注重约束制度的构建与使用。

一、"软"策略：树立正确的人情观，培育自强独立的人际交往习惯

人情腐败是由于个体或集体处在人情文化的情境和氛围之中，受人情规则的影响而产生的腐败行为。学者李伟民（1996）提出，"人情是一种世俗化的文化概念"。作为一种文化，人情在数千年的历史积淀中潜移默化地积累而来，无论是其中的精华还是糟粕，都被我们所普遍接受，形成了一种社会习惯。既然是一种文化，想要破除其带来的负面影响需要从塑造健康的文化入手。让人们树立正确的人情观，培育良好的交往习惯绝非一朝一夕之功就能实现的，需要一个长期的过程。若在社会文化氛围的影响下，受托人能够严守底线，请托人能够自觉依靠合法竞争方式获取机会，那么依靠人情互动导致的腐败就会较少出现。

1. 树立正确的人情观

从管理者个体的角度看，需要树立正确的人情观，也就是要学会用正确的方式对待人情和处理人情问题。作为权力拥有者，需要时刻谨记手中的权力是集体赋予的，权力的使用必须从组织和集体利益出发。使用权力时唯有遵循谨慎、科学等基本原则，才能做出公正公开的决策。在与他人的人情往来互动中，首先要对对方的身份有清醒的判断并有所警惕。如果对方除了在私下与自己保持人情关系以外，还可能在工作中有求于自己，那么应该自觉对其敬而远之。即使由于亲缘、业缘等原因双方必须有所交流互动，也应公私分明。对于他人私下投入的感情和给予的好处，应该以私人方式给予回报，绝不可牵涉到手中的权力。在现实生活中，很多的腐败行为都是由最初迈出的一小步而最终酿成大错。因此，当权者应谨小慎微，始终坚持原则，决不跨出腐败的第一步。

但我们也应该认识到，在当前人情文化、互惠法则盛行的大环境下，只是依靠管理者个人的觉悟是远远不够的。正如本书在前面所提到的，在面对这些环境的诱惑时，个人的认知资源容易耗竭，导致其实施腐败的可

能性增强。因此，组织应该实施多种有效的策略来引导管理者树立正确的人情观。此处主要探讨组织教育对腐败治理的作用。

当前，多数的组织教育方式都以开会为主，这种方式容易使教育流于形式，很难使反腐思想深入管理者的内心。组织应避免过于宏观和口号式的教育，制定具有针对性的并且详细具体的教育方案，具体包括以下三种教育方法。

（1）情境案例分析法。通过自我剖析、对照典型案例，模拟相关人际关系情境进行亲身体验等多样化的方式，使管理者真正体验到自身存在哪些可能产生腐败风险的薄弱环节，并时刻警醒自己。该方法能够使被教育者感同身受，是反腐教育的重要方式之一。

（2）历史人物学习法。历史上许多清正廉洁之士的做法，能够对现代反腐提供启发。组织可以以史为鉴，通过宣传短片、发送宣传手册等方式让管理者学习。例如，西汉著名史学家司马迁在任太史令时，朝中李广利将军想拉拢他，便派人给司马迁送了一对价值不菲的玉璧，司马迁认为如果收下玉璧，会被人情所累并受制于人，因此拒绝了；毛泽东对"公情"和"私情"的区分，以及其"做事论理论法，私交论情"的原则也值得学习，类似的例子还有很多。在人情、关系现象普遍存在的现实情况下，宣传这些正确的人情观能够使社会风气有所改观，并让管理者学以致用。

（3）反面教材对比法。除了从清廉之士身上吸取正能量以外，从反面教材中寻找经验教训也十分重要。随着我国反腐力度的不断加大，人情腐败的手段越来越隐蔽，某些权力所有者在不知不觉中就陷入了人情债之中。组织和相关部门应从最新的典型反面腐败案例中汲取素材，使被教育者能够迅速识破新型关系运作手段，从而提醒自己在面对这些人情花招时不自乱阵脚。相对于正面的引导而言，有时反面教材会格外引起他人的重视与警觉。

2. 培育自强独立的人际交往习惯

受我国人情文化传统的影响，人们遇事时很容易先想到的就是找关系。同时，这种拉关系、走后门的现象又深受人们的厌恶。中国人历来讲究公平，"不患寡而患不均"，而实现公平最重要的方式就是以合理合法方式参与社会竞争。《论语》中有"君子求诸己，小人求诸人"的说法，也就是我们通常所说的"求人不如求己"；《易经》中有"自强不息"之说，即要想强大，必须通过自身不懈的努力，把依靠关系变为依靠自己的能力。除了宣扬我国传统文化中自立自强的部分，还应该借鉴西方文化中"自我"（self）的观念。当然，我们并非要学习其"自私"的部分，而是学习其"独立"的一面（金爱慧，2012）。在人际交往的过程中，人们应该更加注重契约与规则，牢记社会规范和法律的底线。

通过对古代传统文化的合理继承和西方文化中关于平等、独立、自尊、自强的宣扬，让自立自强的处世之道更加深入人心，从而使人情腐败失去生存的土壤。从具体的宣扬手段来看，针对该部分的内容应该更加注重正面案例的引导。通过这些案例的学习，让社会公众以及组织内的管理者理解自强独立的内涵，养成独立自主的习惯，为今后合法合规地开展工作营造良好的氛围。

二、"硬"策略：强化约束机制

人情腐败是社会的顽疾，其存在时间较长，社会根基较深，仅仅采用教育和引导等"软"策略虽能起到一定的效果，但威慑力有所欠缺。因此，从组织层面来看，还需要通过硬性制度加以约束，"软""硬"兼施、双管齐下，从根本上破除人情腐败。

1. 规定人情底线

由于"送礼"和"随礼"在我国十分普遍，"礼"和"贿赂"之间的界限不清晰，因而出现许多借"礼"行贿的现象。针对共产党员收受礼品、礼金，《中国共产党纪律处分条例》规定，不能收受"可能影响公正执行公务的礼品、礼金"；不能收受"明显超出正常礼尚往来的礼品、礼金、消费卡等"。针对非国家工作人员，《刑法补充规定》认定，公司、企业或者其他单位的工作人员利用职务上的便利，索取他人财物或者非法收受他人财物，为他人谋取利益，数额较大构成非国家工作人员受贿罪。无论是对公务员还是非国家工作人员，"可能影响""明显超出""数额较大"这些描述都比较笼统，可能存在争议。因此，这些法律和制度规定具体到地方或某一特定组织时，应根据不同地区、不同组织进一步制定更加细化的制度或规则。华为公司在这方面做出了表率，公司规定，凡是违规收受超过 200 元的礼金就纳入非正常的范围，将会受到公司的处罚。明确的人情底线有利于组织在实际工作中予以操作，增强人情反腐的可行性。

2. 健全回避制度

良好的回避制度是避免人情腐败的有效手段。例如，在公共组织中，回避制度能防止国家公务人员利用职权徇私，进而对其任职和执行公务实施限制。但目前的回避制度仅限于亲属之间的回避，影响范围较小。若将回避制度进一步规范，并推广至各类组织之中，扩大回避制度的适用范围，则能进一步净化社会风气，从制度上预防人情腐败的发生。此外，对于回避制度要更加公开，并接受社会公众的监督。

3. 建立轮岗制和异地交流任职制度

目前轮岗制已在许多跨国公司和部分国内公司实行。轮岗制是指按照固定时间段或根据需要进行的组织内部的岗位轮换。轮岗制不仅能增强员工对新岗位的了解，从而能与组织内其他人员更有效地进行沟通合作，它还能提升员工的综合素质，有助于员工发现自己的优势，激发员工工作积极性和创造性。另外，轮岗制是抑制腐败的有效手段。通常，一个员工在某一岗位上工作了较长时间以后，会积累很多资源，特别是人际关系资源。许多腐败就产生于这些人际关系之中。同时，一旦双方基于人情产生了第一次权钱交易，此后其长期的岗位工作机会使其对腐败运作方式越来越熟练，胆子也越来越大。因此，应对可能产生人情腐败的关键岗位实行轮换制度，避免形成利益输送链条。万科房地产公司在这方面有较为成功的经验。公司为了防止人情腐败，就定期将各个大城市分公司的总经理进行交换。该制度具有很强的执行力与刚性，在公司内的反腐中收到了比较好的效果。

异地交流任职制度针对的是我国公务人员中的领导干部人员，其基本要求是级别较高的领导干部不在自己的户籍所在地任职，并且在一定周期内交流到其他地区任职。由于领导干部的人情关系网在自己出生和成长的地方最为密集，异地任职能使领导干部避免为人情关系所累。而交流制度也能防止由于长期任职而产生的地缘关系，避免地方形成腐败利益集团和腐败圈子，防止人情腐败。大型跨省、跨国企业也应借鉴此项制度，对关键岗位负责人实行定期调离，避免其被人情关系羁绊，产生腐败。

4. 完善监督体系

由于人情腐败涉及具有社会交往关系的双方，因此对人情腐败行为的监督不能仅限于对权力所有者的监督，应扩大监控范围，对易于出现人情腐败的关键岗位人员相关家庭成员和交往圈子也应有所了解。在许多人情腐败案例中，"侧面进攻领导干部家属者亦不少见，以致很多腐败分子家人在人情腐败案件中担当着重要角色，发挥着推波助澜的作用。甚至一些领导干部深陷人情腐败漩涡，是始于家人的嘱托或亲戚的请求"（贺培育等，2015）。对这些人员社交圈子的掌握能够及时发现可能进行人情贿赂的关键人物，从而及时给当事人提醒，使人情腐败在萌生之初就被消灭。即使双方已完成人情腐败交易，此举也能够防止交易继续扩大而带来的损失。此外，针对人情腐败的特点，在一些特殊时间点，如节假日或关键岗位员工家中发生"红白喜事"之际，这些特殊时间点给了投机分子行贿的借口，因此要特别注意这些时间点，并在这些时间点前后加强监督力度，不给腐败分子可乘之机。

第二节 降低他人示范的不良影响

他人示范所产生的"榜样"作用，会通过影响组织或社会环境而影响个人，或直接作用于个人，对个人产生激励，从而导致模仿跟随行为。从他人示范的作用过程来看，若要减弱腐败示范效应带来的扩散，从社会或政府层面来看，需要营造良好的社会氛围、完善制度建设、加强监督等；从组织层面来看，需要隔离"腐败病原体"、树立正面榜样、培养组织内个人独立思考的能力等。

一、社会氛围营造与政府制度构建

1. 营造良好的社会氛围

在我国经济社会转型时期，一些人将经济利益摆在个体目标的首位。这就导致他们会为了利益而不择手段，不断突破法律底线进而实施腐败行为。与此同时，我国社会中"拜金主义"、金钱至上的思潮时有出现，因腐败而获益的人可能会被其他人追捧与模仿。在这种社会氛围下，会出现腐败的"逆淘汰"现象。近年来，全国高压式的反腐已取得了压倒性的胜利，为宏观层面营造良好的氛围打下了基础。但我们也应该看到，反腐工作不能松懈。主流媒体应继续强化正能量的宣传，相关单位也应该持续组织正面的教育活动。此外，在当今这样一个信息流通迅速的社会，应依靠网络媒体的力量，运用网络媒体及时向用户推送反腐相关消息，并通过与用户互动形成舆论焦点，使整个社会更加关注和重视腐败问题，扭转社会风气。当社会形成对腐败"零容忍"的态度，腐败思想就失去了传播的土壤。此时，腐败现象就会成为个别的、偶发的行为，并且更容易受到其他大多数人的抵制而被逐渐消除。

2. 弥补"正式规则"的缺陷

潜规则具有很强的示范功能。"一旦有人运用潜规则取得成功，效仿者众多，加之潜规则的约束性和顽强的生命力，一般人不敢、不能或不会揭发披露潜规则"（陈红艳，2013）。潜规则不仅"指导"了腐败分子如何进行腐败，也给了腐败分子相应的保护。阻止腐败的蔓延需要破除潜规则，而潜规则之所以能够存在，又是由于"正式规则"的不足而导致的。因此，弥补"正式规则"的缺陷是破除潜规则的必经之路。

当前正式规则和正式制度存在的主要问题包括：某些制度条款要求人们遵循高道德水平，但又缺乏实际运行保障机制，导致很多制度沦为"口号"，不能发挥实际作用；某些制度、规则在制定过程中，没有考虑到实际情况，程序过于繁琐或目标难以达到，因而无法得到有效实行；另外，随着社会的发展变化，某些制度或规则存在滞后性，也导致了制度的失效。针对这些"正式规则"存在的问题，应对制定的制度和规则进行试行，以发现其存在的问题或漏洞，然后对其予以完善，避免给腐败分子可乘之机；在"正式规则"执行过程中，将规则予以细化，避免规则流于表面；同时，根据不同实施地区具体特点，应编制制度的补充条款，以便"正式规则"的有效实施。此外，应及时收集和分析出现的新情况、新问题，制定有效应对策略，避免问题进一步扩大。

3. 让权力在阳光下运行

腐败的他人示范之所以能够引起模仿跟随，一是因为通过这种运作方式能够获得利益，二是因为这种运作方式存在一定隐蔽性，难以被人发现。如果腐败的示范行为容易败露，那么观察者就不会选择模仿跟随。为了公开透明行使权力，让权力在阳光下运行，需要权力公开制度作保证。权力公开制度应体现在多个方面，包括：要求各组织公开关键岗位人员能够行使的权力，避免"越权"；公开行使权力需经过的程序；公开行使权力应相应承担什么样的责任，避免权力滥用。同时，应完善信息公开制度，对不同类型组织应公开哪些信息做出明确规定，必要时可要求组织举行听证会或发布会，对组织内重大事项或重要决定进行说明，防止暗箱操作。此外，让权力在阳光下运行需要辅之以财产公开制度。不仅对国企和事业单位，还包括大型私营企业，特别是容易出现腐败窝案和潜规则的关键行业（如能源、交通、工程建设等），更需要针对其高层管理人员和关键岗位负责人实施财产公开制度。财产公开需要明确规定公开的主体和公开的范围，同时对其他相关制度予以细化，如不动产登记管理、社会信用管理制度等。在财产公开的同时注意保护被公开者的其他信息，以保证财产公开顺利进行。

4. 发挥群众监督作用

由他人示范和模仿跟随形成的利益圈子囊括了众多腐败分子。腐败人数众多形成腐败团体，在接受腐败检查时"抱成一团"，给反腐工作带来一定的困难。但也正是由于利益集团中腐败人数多，且腐败行为往往是重复进行的，所以其腐败行径容易暴露。例如，在前文中提到的深圳海关腐败案中，人民群众多次发现了深圳海关关员放走的走私车辆，也观察到了其腐败方式，但最终却并不是由于人民群众的举报而是一次突击检查使该腐败案告破。由于群众能深入到社会之中，对社会现象能够及时感知，如能有效发挥群众的监督作用，则能很快发现问题所在，并能为反腐工作降低成本。目前群众监督还存在多个方面的问题，具体体现在：群众认为腐败行为与自己无关因此不愿管；相关的举报途径少且不通畅；对腐败举报者的保护制度不完善等。因此，群众即使发现身边的腐败行为往往也采取沉默的态度。针对这些问题，首先，要通过立法保护群众的监督权，明确群众监督的范围、监督方式，让群众的监督有法可依。其次，应保证举报途径的多样化和通畅，对群众反映的问题及时进行核查，并给予举报人以反馈，对腐败行为进行曝光。为激发群众监督的积极性，若群众的检举、揭发属实，应制定相应的奖励制度。此外，应加强保密工作，对举报人的姓名、电话、住址等予以保密，当举报人受到被举报人的威胁时，应当给举报人及其家人提供及时有效的保护。

二、组织对腐败源的隔离与正面的引导

1. 隔离"腐败传染源"

组织内腐败传染源是指最初参与腐败的人员，也就是最初产生腐败示范行为的人员，他们是组织内腐败蔓延的源头，其腐败行为给"想腐而不敢腐，想腐而没有腐败途径"的组织内其他成员起到了带动作用，为其他成员提供了腐败的参照。为减少组织内腐败示范行为，保持组织廉洁氛围，需对"腐败传染源"进行隔离。隔离"腐败传染源"的第一步是识别组织内的"易腐"人员。腐败往往起源于滥用的权力，无论在国企、私企还是事业单位组织中，手握关键权力或掌握着组织内人、财、物等资源变动的人员都可能成为"腐败传染源"。例如，高层管理人员掌握着组织内人事变动的权力，可能受到希望升职人员的贿赂；采购部门人员掌握着采购权，可能与供应商相勾结，产生腐败；财务部人员可能受到利益的诱惑，利用职务之便侵占公司财产，等等。针对这些"易腐"人员，组织应设置必要的权力约束机制和监督体系。组织决策过程中应秉持科学决策、民主决策的宗旨，规定关键性决策应由两人或两人以上共同做出，避免"一言堂"；在决策前进行充分论证，并保留论证材料，一旦决策出现问题立即进行决策问责，防止决策过程中的徇私舞弊；对组织内腐败行为知情不报者应承担连带责任，防止包庇纵容。由于这类人员的腐败行为具有示范效应，因此，一旦发现其腐败问题，即使情节较轻也应使其受到相对于其他人员更为严苛的惩罚，以在组织内部起到警示作用，防止其他组织成员的效仿行为。

2. 树立廉洁典型

社会学习理论指出，人们会有意或无意模仿他人行为。正如前文的问卷调查研究显示，大部分人认为自身的腐败是由他人错误的示范行为导致

的，即他人负面行为形成了负面示范效应。同样，正面的、积极的行为也能形成正面示范效应。通过树立克己奉公的榜样，能够起到标杆作用，带动组织内其他成员廉洁自律。廉洁典型的示范效果不佳，其原因往往在于对廉洁典型的激励不足以及对廉洁典型宣传不到位。通常，违反规则的行为会受到组织惩罚，而遵守规则的行为却被视为理所当然，不会得到奖励。因此，树立廉洁典型重在对推选出的典型进行有效激励，包括物质激励(如奖金、奖品等)和精神激励(包括口头表扬、授予荣誉证书等)，使组织内形成学习榜样、赶超榜样的氛围。廉洁典型人物成功选出以后，还应经常性对其进行宣传，提高其知名度和影响力，防止在推选典型热度消退后，廉洁典型被淡忘，失去了应有的带动作用。

3. 培养组织成员独立思考能力

受从众效应影响，许多人习惯于做出与大众相同的行为，不论该行为是正确的还是错误的。同时，受传统历史文化影响，我国企业和事业单位普遍强调服从和奉献，从而导致员工不愿表达自己的真实看法，长此以往组织成员失去了独立思考的能力。在这种氛围之下，若组织内腐败人员占多数，则腐败行为会继续蔓延，直至覆盖整个组织。因此，应培养员工独立思考能力，使其面对腐败能做出正确判断和正确选择。培养员工独立思考能力首先应端正组织成员的人生观和价值观，摈弃腐化落后的思想，以正确思想为指导并基于此来评判他人的观点和行为。同时，通过组织内培训，培养组织成员从多方位、多角度思考问题的能力，鼓励员工表达真实的看法。

第三节　减弱领导威权的负面效应

根据著名的米尔格莱姆实验的结论，人的内心有一种忠诚倾向，一种服从权威的内在冲动(Thomas Blass，2004)。这种情况在我国尤为如此。

由于我国是一个高权力距离国家,人们更加遵从领导的威权,也更愿意跟随领导并受其影响。当领导者的腐败行为对下属形成错误的示范或领导者对下属提出"共同腐败"的要求时,受服从威权心理的影响,下属可能选择跟随领导,做出腐败行为。治理此类领导主导型腐败,应从领导者和下属两类主体及其共同所处的情境入手,通过教育和引导使领导者和下属自觉远离腐败,同时以良好的组织氛围和制约监督体系阻断领导者和下属相互勾结的行为。

一、关注领导者的道德水平

1. 选拔德才兼备的领导者

当前对组织领导者选择的主要标准是候选人的学历背景、专业知识和管理经验等,对于候选人道德品质方面的考察偏少。Lochner(2004)通过研究检验了教育程度对不同类型犯罪的影响,他发现教育显著降低了绝大多数类型的犯罪率,但却可能增加诸如伪造、欺诈、盗用等高技能型犯罪。因此,"高学历"并不意味着"低腐败",前文所剖析的李宁院士贪腐案件就是对该观点最好的印证。对领导者的选拔只注重能力不注重品德的现象易使腐败分子混入上层管理者队伍,不仅扰乱了组织其他管理者的心态,也带坏了其下属员工,造成腐败的扩散。只有选拔德才兼备的领导者,才能净化领导层队伍,为下属做出正确榜样。在选拔标准上,除了注重学历背景、工作经验等因素以外,组织也应把思想态度和道德品质的考核放在重要位置,选出真正清正廉洁、不想腐、不愿腐的领导者。在选拔方式上,若为内部选拔,组织则应采取"从下至上"的民主选举方式,从而保证选举的公正与客观,避免因过于主观和片面的上级直接任命方式引起的拉帮结派、相互勾结行为。同时,合理的选拔机制需要以良好的后续考核机制作为支撑。为使领导者保持廉洁思想,不因长时间手握权力而被腐败思想侵袭,应以其同事和下属为调查对象,定期对其是否存在非伦理行为和腐败苗头进行摸底与考评，从而将腐败"扼杀在摇篮中"。

2. 培养伦理型领导与责任型领导

前文已经详细阐述了伦理型领导和责任型领导的内涵，此处不再赘述。作为两种能削弱腐败的有效领导风格，它们应该成为组织今后培养领导者的方向。伦理型领导不仅要求领导者自身诚实、正直，还强调通过上下级互动，激发下属的伦理行为，并在此过程中营造良好的组织伦理氛围。Mayer(2012)的研究表明，伦理型领导与员工不道德行为呈负相关关系。腐败行为作为不道德行为的一种具体表现，将在伦理型领导的影响下得到一定的抑制。除在领导者选拔过程中考察相关道德因素外，在组织培训和考核中也应纳入对伦理型领导的培养与考察。正如潘清泉等(2014)提出的，组织在领导开拓项目的过程中需要关注伦理导师的作用，即在领导力培养与发展中，为领导者树立伦理型领导的榜样，这将有助于更好地发展组织的伦理型领导力，促进组织可持续发展。

责任型领导则要求关注各利益相关者利益，承担对各利益相关者的责任。责任型领导正向影响员工的揭发意愿，且负向影响员工的非伦理行为(文鹏等，2016)。当员工处于责任型领导之下，其对不道德行为较为敏感，同时感到有必要对不道德行为进行披露(Watts，Buckley，2015)。此时，当员工面对某位领导者协同腐败的暗示或要求时，能够明确意识到该暗示或要求是不道德的甚至是违法的，并予以拒绝。因此，培养责任型领导是净化组织内腐败风气，减少腐败行为的重要手段。培养责任型领导，需要从培养领导者伦理意识入手，并制定相关伦理规范，营造组织伦理氛围等。此外，根据社会比较理论，个体会倾向于选择一个参考点来进行学习模仿。一般而言，某个组织的领导者会关注其他类型组织领导者的做法，并实施相类似的策略或行为。因此，组织在培养责任型领导以及伦理型领导时，可提供向外部优秀的、"标杆型"的领导者学习的机会，在社会比较的过程中提升领导者道德水平。

二、引导下属正确对待上级的要求

法律、内部的规章与政策无法对个体的负责任行为做出有效的指导作用，只有被内化的一系列个人伦理价值观才能够保证个体既对组织忠诚，又能有效承担和维护对公共利益受托者的义务（李建华，2007）。防范上下勾结形成的腐败，需改变下属心理和观念，使其真正认识到忠于领导不应逾越道德和法律的底线。

1. 破除"为公无过"的心理

正如前文提到的，学者们发现了一类特殊的非伦理行为——亲组织非伦理行为。该行为是为了组织（或上级）利益而实施非伦理行为。尽管其动机是为了"公"，但由于其偏差的本质，应该被组织摒弃。具体到腐败领域中，例如，当组织成员以向组织外个人或单位行贿等不正当手段为组织或单位谋取利益（即商业贿赂），或实行与商业贿赂相似的行为时，由于在本质上仍然涉及公共权力的滥用，且导致了公共资源的不合理分配，损害了社会整体利益，因此，该类行为就构成了腐败。但由于此类腐败并没有直接为个人谋取私利，且打着为了组织利益的幌子，因而许多人并不把该行为归类于腐败行为。当上级领导要求下属员工参与此类腐败时，为使下属员工减轻心理负担，往往把该行为描述成"业务需要"或"公司发展需要"，模糊此类行为的腐败本质。由于下属员工不认为该行为是腐败行为，因此往往自觉服从领导的要求。例如，大型跨国药企葛兰素史克（中国）投资有限公司在华经营期间，为打开药品销售渠道，提高药品售价，利用旅行社等渠道，采取直接行贿或赞助项目等形式，向个别政府部门官员、少数医药行业协会和基金会、医院、医生等大肆行贿（王志乐，2013）。正是由于该公司把行贿当成公司业务推进和获取利润的捷径，而非把该行为视为腐败，从而导致整个组织的腐败。治理此类腐败需要组织以规章制度对腐败的定义和范围进行更为准确的描述，并要求员工深入理解与掌握。当员工明确意识到该商业贿赂行为也属于腐败行为以及"为公无过"变为"为公亦有过"时，则其拒绝参与腐败的可能性将增大。

2. 增强法治观念

面对上级协同腐败的要求时，下属员工易陷入"忠诚困境"之中。是忠于领导还是忠于社会公众利益？虽然维护法律规定的社会公众利益高于遵从组织内上级领导者的意愿，但由于在某些等级层次分明的组织内，过度强调对上级威权的服从，下属员工感受到来自上级的压力会大于来自法律的压力。在此种情境之下，员工可能会放弃对社会公众利益的维护，选择忠于领导要求。学者唐熙灵（2015）认为，由于长期在组织中工作，人们与自己的领导之间的交流更为密切，而对国家法律相对疏远，甚至是模糊和未知，因此人们对上级领导命令的理解、认同和遵从程度较高。在忠诚困境中，上级领导的命令和要求与法律法规形成冲突，增强下属员工法治观念，使其严守法律底线，有助于防止腐败由上至下蔓延。增强员工法治观念最基本、最重要的做法是向其传递"任何组织或个人都不得拥有超越法律的特权"的原则。通过组织内宣传、教育与考核，使员工真正学法、执法、守法，运用法治思维和法治方式处理问题，在领导者腐败要求和法律法规之间正确地选择遵守法律法规，抵御腐败的侵袭。

三、改良组织文化和相关制度

1. 破除权威定势，增强组织活力

权威定势是思维定势的一种，它是指在思维过程中盲目迷信权威，而缺乏自我独立见解的现象。权威人士相对于普通人来说掌握的信息更全面，经验也更为丰富，因而面对其专业领域内的问题时，其判断和行为正确的可能性比普通人高。然而，即使是权威者，也有决策和判断失误以及行为不当的情况。如果盲目听从权威人士意见并跟随权威人士的行为，而缺乏自身原则和标准，则仍会出现失误。权威定势在一些中国企业内表现得十分明显，例如在某些企业把高层领导提出的"口号"当成所有行动的标

准而不考虑实际情况；在开会和讨论过程中下属员工只起到陪衬作用，对领导者的观点进行附和，最终由领导说了算。这些做法使领导者的喜好成为组织的喜好，将领导者的看法当成组织的看法。长此以往，下属员工只具备执行力而失去辨别力。在这种组织氛围下，若领导者存在腐败思想和行为，下属员工也会盲目遵照领导指示，他们就会不知不觉中卷入腐败。破除思维定势，需增强组织活力。在组织日常经营和决策过程中鼓励和支持基层员工提出自己的见解，一经采用即给予表扬或奖励。特别是上层领导者应做出表率，虚心听取下属员工的意见建议，以更加包容的心态对待下属员工。在积极的、富有活力的组织氛围下，即使个别领导者有腐败的想法，也会受到组织氛围影响或因其他人制止与揭发而有所收敛。

2. 建立腐败追责制度

如果腐败难以追责，实施者也可能会产生法不责众或者道德推脱等认知偏差，进而实施腐败行为。实际上，随着当前团队工作方式的流程化，腐败的操作往往也需要领导与下属共同完成。此外，由于下属员工与领导者接触较多，容易发现领导者的腐败行径，出于降低腐败风险的考虑，腐败领导者通常把下属拉入自己的腐败圈子，共同分享腐败所得，共同分担腐败责任。在腐败行为败露时，上级领导容易以"不知情"和"未参与"为由把责任推给下属员工；下属员工则会以"领导要求"为借口为自己开脱。例如，在深圳海关腐败窝案中，在庭审过程中，根据参与腐败关员的证词，窝案幕后组织者是他们的直属领导郑小梧。但作为深圳海关旅检四科负责人的郑小梧却拒不认罪，他认为自己对放任走私的过程不太清楚，且自己的主业是做好接待，而收取好处费是由于接待经费不足，需以好处费来作为补充。此外，他声称收取好处费是上级领导批准了的。由于此案涉及多层级之间互相勾结，因而给腐败责任认定造成了一定的困难。为预防上下勾结与互相推诿，组织需建立严格的腐败追责制度。当组织发现基层员工的腐败行为时，除对当事人进行惩罚外，还应以通报批评扣除奖金和降职等方式追究其直接领导和部门领导的连带责任。经调查后若发现领导者是主谋，则领导者应承担腐败行为的主要责任。

3. 落实内部监督责任

相对于其他形式的腐败而言，领导主导、下属参与式腐败具有特殊性。领导与下属共谋腐败是在组织内部进行的，且往往是二者私下进行交流的。组织的外部监督，如相关部门监督、社会公众监督、媒体监督等在短时间内难以发现，也难以介入。因此，需要组织内部监督来约束领导与其下属员工的行为。当前许多组织监督责任尚未落实，因而内部监督乏力。一般来说，员工的行为由其直属领导全权负责，因此，对员工的监督也仅限于其直属领导的监督，一旦二者相互勾结进行腐败，则下属员工将处于无人监管的状态。同时，组织高层领导由于位高权重，组织内的相关机构对其的监督往往流于形式。为防止监管真空区的出现，组织需充分考虑和落实对特殊人群以及在特殊情况下的监管责任，并将他们全部列入组织监管制度之中，保证人人被监督，时时被监督。

第四节　预防及矫正制度失效

根据诺斯的观点，制度不仅包括正式的法规、法令、规定，还包括在一定社会历史条件下形成的非正式习俗、道德、禁忌等。由于非正式制度不具有强制性，且标准不统一，这里讨论的制度主要指正式法律、法规、政策等及其实施机制。同时，由于本书所关注的组织既有受国家政策影响较深的公共组织，也有参与市场竞争且相对独立的企业组织，因此本节将从政府和组织两个层面来探讨制度的设计与实施。由于制度设计不合理、制度执行力偏弱以及制度未根据社会环境变化而变化等原因，制度可能失效。制度失效是导致腐败的重要原因，也就是说，不良的制度安排会诱导腐败行为，为腐败分子提供机会。为从源头遏制腐败，既要把握制度建设的总体原则，防止制度失效，也应对目前已失效的具体制度进行矫正。

一、把握制度建设总体原则

1. 制度的科学设计

科学的制度设计是制度执行的前提，也是制度取得预期效果的重要条件之一。由于制度设计者无法做到完全中立和客观，也无法将所有可能出现的情况一一考虑，并列入制度内，因此制度设计与预期结果会存在一定偏差。这种偏差虽不可完全消除，但可以通过更加科学的制度制定方式和制定程序使偏差尽量减少。首先，制度设计应以科学调研为基础。科学调研需以完整的调研计划为指导，保证调研对象的全面性和随机性。通过问卷调查、实地探访、实验等多种方式搜集资料，经多方对比保证资料的完整性和真实性。在对取得的资料进行分析时，以手头资料为线索，通过分析找出问题的本质，以此作为制度制定的依据。同时，吸取过去制度实施过程中的经验和教训，并通过对国内外相似的成熟制度的研究有选择地学习和模仿其制度设计方式、执行方式或具体条款，减少由于缺乏经验带来的制度设计偏差。制度设计者或团队不应来自同一阶层、持相同立场或代表同一主体利益。这是因为制度的适用人群可能来自不同行业、不同阶层，若制度设计者来自同一类群体，则可能由于群体性的偏见使制度设计无法满足现实需要，导致后续制度执行的失败。因此，制度设计者应多样化，例如，政府层面的制度设计者应该包括各党派代表、民主人士和各行各业代表以及普通民众，组织层面的设计者应该既包括组织领导层，又涵盖一线的员工群体。在充分听取各方意见的基础上做出最终制度设计方案，以照顾各方利益，保证公平，同时也最大限度地避免由思维局限带来的制度设计的空白和漏洞。在制度制定过程中保证公开透明，对制度从最初的提案到最终的方案决策过程进行详细记录，并公之于众，避免制度设计不公，这也有助于集民众之智慧，将制度方案予以完善。

2. 制度的有力执行

制度在执行过程中出现失效主要是由于某些制度缺乏相应的执行机制，导致制度"只提要求，不谈做法"，制度成了口号，因而制度适用者不知道如何执行；制度适用者对制度理解出现偏差，导致出现错误的执行；制度在程序上过于繁琐或在具体内容上侵犯了适用者利益，导致制度适用者消极执行等。因此，为保证制度能够得到较好执行，需考虑制度相应的执行机制，使制度不仅能说明要求是什么，也能说明制度执行的具体程序和规则。在制度表述上应力求准确，避免使用语义模糊的词句，防止腐败分子钻制度的空子。制度执行程序应在保证制度执行质量的前提下尽量缩减，减少制度执行成本。由于制度的设计着眼于公众利益，因此，必然会侵犯既得利益者的利益。为约束既得利益者行为，保证其遵守制度，需制定相应监督和惩罚机制，一旦违反制度即进行严肃问责和处罚，保证制度的权威性。此外，在制度正式实行之前，应对制度予以试行，特别是影响范围广、影响程度深的制度，应选择具有代表性的地区或者组织内代表性的部门进行实验，如若效果较好，则推广到其他地区或部门，并根据不同地区或部门的特点，在保证制度大体方向和原则的前提下将制度进行改进，以更适合实际情况；如若实施遇到困难或问题，应及时找出症结所在，将制度予以完善后再重复上述试行步骤，使制度能够被大多数人接受和得到较好的执行。

3. 制度的及时调整

在制度制定并实施后，应密切关注与制度相关的环境变化以及制度执行过程中遇到的新情况和新问题。一旦外部环境和情况出现变化，制度如果不及时调整，则可能出现制度失效。例如，近年来，各地政府对民生领域关注不断增强，对城乡低保、医疗救助资金投入不断加大。然而，资金到达基层后，部分乡镇干部违规将不符合条件的人纳入低保范围并从中牟利。这种新出现的腐败方式，缺乏相应法律法规和制度约束，因而曾成为广泛流行的新型基层腐败手段。因此，在制度实施一段时间后，要对制度落实情况进行检查，以定期系统性检查发现制度实施过程中普遍存在的困难，以不定期突击检查发现组织是否真正把制度落到实处。在检查后对效果进行评估和分析，为制度的完善或调整提供可靠依据。针对制度不适应现实情况的问题，若整体制度无法及时调整，可以以暂行条例、补充条例等形式对现行制度进行补充。同时，对一些低成本、效果好、暂时还没有形成制度的做法予以制度化，以更好地发挥其作用。例如，网络反腐是一种新型有效的反腐方式，通过使其制度化，不仅可以规范网民行为，也能够激发网民的反腐热情和积极性，为反腐开辟新的途径。另外，对确实无法再适应现实的制度应予以废止，防止其负面效应扩散。例如，在政府层面，我国进入市场经济后，及时对价格双轨制进行了废止；在企业组织层面，当公司经营战略与目标发生转移后，原有的奖励考核方案就应该及时予以修改与调整。

4. 制度的统筹协调

制度的统筹协调在狭义上指不同制度之间的协调，广义上还包括制度制定主体间的协调和监督主体间的协调。

由于一项制度往往只能规制某类行为或行为的某个方面，若缺乏其他配套制度的支持，则难以保证该项制度取得良好效果。不同制度之间的统筹协调即制度间应是相互补充、相互支持的关系，而非相互重叠、相互矛盾的关系。制度不仅涵盖经济、政治、文化、法律等方面，也包括各方面的细分制度。为治理腐败，要在主体制度上协调统一、合力推进，在政治上进行党风廉政建设，在文化上对清正廉洁的社会风气进行宣传，以及在法律上对腐败行为进行严肃处理等。同时，也需要在具体制度上协调统一。例如，在政府组织中，官员财产申报制度需要相应的信息公开制度、不动产登记制度以及境外资产监督等配套制度给予支持；在企业组织中，有关营销人员的工资改革方案则需要人力资源管理部、营销部、财务部等多个部门相互配合。

制度制定主体的协调需要保证制度制定主体的多元化和制定主体人数上的比例平衡，而制度监督主体间的协调表现为不同监督部门之间的协调。从政府层面看，我国反腐监督部门包括各级检察院、各级审计单位、纪检部门等，在具体腐败案件中，这几个部门的工作存在部分交叉和重叠问题。学者庄德水(2014)认为，从整个反腐链条来看，首先监察审计是最前端的，其次是党内纪检，再次是检察监督，最后则是移送法院。在企业组织的反腐活动中，则需要行政部、人力资源部、法务部以及相关用人部门的相互配合。唯有将反腐部门的力量进行整合，并通过多方合作才能使反腐工作以更高效的形式开展。

二、对诱发腐败制度的矫正

为治理因制度失效而诱发的腐败，我们除了对制度的制定、执行、调整和协调方面进行原则性把控外，更应对频繁引发腐败的具体制度进行矫正，此处主要探讨激励、权力分配与监督三类关键的制度。

1. 改革激励机制

不恰当的激励意味着淡化或改变组织目的，或导致合作的失败(巴纳德，1938)。当组织成员的需求无法得到满足时，其自利动机将有所提高，因而产生非伦理行为的可能性更大，特别是对于手握重权的组织高层管理者来说，若其薪酬水平不合理，为获取利益，极易产生权力寻租现象。随着市场经济在我国的深入发展，企业员工的薪酬逐渐趋于合理，然而在我国公务员系统中，基本工资水平仍然较低，津补贴门类多且比例较大。为防范腐败，需进一步改革公务员激励机制。例如，通过上调公务员基本工资，减轻其腐败动机；继续整顿私自发放补贴现象，破除公务员隐性福利；尝试构建公务员绩效工资体系，通过定期考核，将公务员的实际绩效与工资挂钩，改善公务员工作态度，提高公务员工作积极性等。此外，由于我国地域广阔，各地区经济社会发展水平区别较大，因此，对于不同地区和不同岗位工资应当有所区别，特别是应对偏远地区任职的公务员以及对特殊岗位人员进行补贴。具体的工资水平和补贴范围、数额应当在科学调查基础上予以核定。

2. 正确进行权力分配

科学合理的权力分配是预防腐败的重要前提，目前主流观点是权力过于集中会导致腐败（徐细雄，2013），但权力过于分散也可能引发腐败。例如，由于我国行政审批权分散在不同人员手中，审批程序繁琐，审批企业为缩短审批时间对审批人员进行贿赂的现象屡见不鲜。因此，建立科学的权力结构，合理进行权力分配十分必要。为解决在部分组织中某些高层管理者和关键部门负责人集决策权、执行权和监督权于一身而导致的"一言堂"现象，应规定决策权、执行权和监督权分属不同人员所有，并各自承担相应责任。应切实保障组织内普通职工参与企业决策的权力。政府应定期对组织权力运作进行检查，对虚设企业职工代表大会和工会，权力过于集中的组织进行惩罚。同时，对于权力过于分散而导致的办事拖沓现象进行整改，特别是在行政单位之中，在保证审批质量的前提下应尽量缩减审批程序。对相关审批环节进行整合，并规定审批时限，防止审批人员借审批为由向被审批者"伸手"。

3. 完善监督体系

前文中已探讨了网络监督、群众监督等对腐败治理的影响，此处仅从宏观角度对完善监督体系进行讨论。全方位的监督体系，包括国家监督检查部门、党的监督、群众监督、舆论监督和组织内监督等，它们是互相补充、相互促进的关系。应明确腐败重点监督对象，对腐败多发的关键行业、典型腐败案件进行更为深入的分析，找出腐败人员和其腐败行为的突出特征，为腐败监督提供参考。同时，相关机构应疏通监督通道，建立监督信息网，将各方监督信息进行汇总与通报，为腐败监督提供证据。对监督中发现的腐败问题应及时调查并在规定时间内予以反馈，提高监督效率。

第五节 对腐败的防微杜渐

除了上述四类策略之外，本书还认为应该警惕偏差行为向腐败行为的衍化过程，从防微杜渐的角度来预防腐败的发生。正如三国时刘备所言，"勿以恶小而为之"，应该采取多种策略来防御"小恶"的衍化。结合第六章的内容，本节将主要从组织管理的角度提出若干建议与对策。

一、采用多种方法考察应聘者的道德水平

严把招聘与晋升的入门关，是防止腐败发生的重要手段。从个体的差异性来看，有些管理者在道德特征(如道德成熟度等)上表现明显，能较好地抵御来自外部的伦理诱惑，并识别偏差与腐败行为的性质，进而较好地控制偏差行为不向腐败衍化。但也有部分管理者在这方面表现得不够突出，容易受到外部诱因的影响，因此组织在外部招聘与内部晋升①时，应采取多种手段和方法来识别管理者的道德水平。

1. 结构化面试法

结构化面试法是指采用固定的流程与方法来对应聘者进行面试，该方法被多种组织所采用。组织可提前设置一些能较好反映应聘者道德水平的题目，并确定评分标准，最后根据应聘者的回答来给予相应的评分。例如，宝洁是著名的日化用品公司，其在招聘营销领域的管理者时，会采用结构化面试，并询问"在过去，有哪些事情是比较麻烦而你却仍然坚持做下去的，请举例说明"。面试官通过对面试者回答的例子进行分析，进而对其过往的道德水平进行一个整体的评价。由于结构化面试的题目都可提前准备好，因此能较好地保证面试的信效度，准确识别应聘者的道德

———————————
① 内部晋升也可被视为缘自组织内部的招聘。

水平。

2. 情景模拟法

该方法是将应聘者置于一个模拟的场景中，让其扮演相关的角色，观察其做出的决策，进而对其道德水平进行判断。情景模拟法的优势在于通过对现实的抽象与模仿，能较好地预测管理者在今后类似场景中的做法。在实施情景模拟法时，设置有针对性的题目是关键。这些题目的类别可包括：（1）来自组织过去真实的案例；（2）伦理两难困境的选择；（3）其他组织的案例借鉴。针对上述题目，组织需提前准备相应的评分标准，以供评委们参考。从现实的表现来看，题目越接近于组织的真实情况，越利于更准确地考察应聘者的道德水平。此外，在情景模拟时，要重点注意管理者这个角色，考察应聘者是如何以管理者身份来做出伦理决策的。

3. 量表测量法

量表一般都是由心理学家或者相关的专业机构所开发的，有利于从定量化的角度来评价填写者的真实表现。填写量表也是面试中常用的一种测量道德的方法，能较为全面地反映被试者的内隐性[1]道德程度。建议组织在招聘管理者时（无论是外部招聘还是内部晋升），可采用国内外相对成熟的心理测量量表，并注重被调查者的社会称许现象。[2] 与道德相关的常见量表包括：道德认同、道德成熟度、马基雅维利主义等。组织也可在同一次面试中使用多套量表予以测量，并进行相互验证，以提高量表测量的有效性。

4. 背景调查法

背景调查是指对管理者之前的相关工作经历进行详细的调查，以全面

---

[1]　此处使用"内隐性"一词，以区别于前面两种面试方法中"外显性"的道德表现。

[2]　"社会称许"是指人们倾向于对自己形成更有利的评价。

了解其绩效水平、职业经历与道德表现。在现实的面试活动中，经常有应聘者会隐瞒自己过去的违法违规行为，甚至是目前身上仍有违法案件尚未处理结束。通过背景调查，组织能对这些信息有充分的了解。在具体实施过程中，组织可向应聘者的上一家工作单位进行调查，也可通过人才机构了解其过去的任职情况。对于特别重要的应聘者(如组织高层)，或者经历较为复杂的对象，可借鉴第三方的力量开展专业性背景调查。

二、实施伦理与业绩兼容的绩效管理体系

为了抑制并延缓偏差行为向腐败行为的衍化进程，组织可尝试通过优化绩效管理体系来达成。在传统的绩效管理体系中，组织相对看重业绩目标的实现，但对于管理者在伦理道德方面的表现却有所忽视。这会导致即使管理者实施了偏差行为，也不会影响其绩效的评价，反而会因为该行为的收益而逐步衍化为更严重的腐败行为。因此，应实施伦理与业绩兼容的绩效管理体系，下面将对与伦理相关的考核要素进行阐述。

1. 伦理考核的目的

考核目的是指组织为什么要实施这些考核。考核一般分为评价型考核与发展型考核。评价型考核是指将考核结果运用于人事决策(如奖励、晋升等)中，扮演着"秋后算账"的角色；发展型考核是指根据考核的结果指出被考核者的不足，便于他们今后的发展与成长，即发挥着"指点迷津"的作用。此处针对管理者的伦理考核应该兼顾两方面的目的。一方面，通过伦理考核，让管理者明白实施伦理决策可能带来的后果，对他们后续的相关决策形成实质性的影响；另一方面，伦理考核可以让管理者更加清晰地认识到伦理问题的本质，了解伦理困境下如何准确做出判断，促进管理者的道德成熟度与伦理决策能力的提升。

2. 伦理考核的内容选择

考核内容是绩效管理体系中的重要元素，并会出现"考核什么，就会

得到什么"的局面。在内容选择上，可以借鉴 Brown 等（2005）对伦理型领导的定义，将考核分为对"个人"的考核和对"管理者"的考核。在"个人"考核方面，重点强调对管理者自身在道德方面的评价，例如个人有无违规违纪的行为发生，该行为与权力使用并无联系，如酒后驾车、债务纠纷；在"管理者"考核方面，要关注其是否正确地使用权力，一些典型的指标包括：是否违规使用权力、是否在管理工作中有欺骗造假行为等。当考核中包含这些内容之后，管理者会更加重视日常工作中的伦理表现，并为了获得更高的绩效而尽可能减少非伦理行为的发生（文鹏，任晓雅，陈诚，2017）。这将有助于减弱管理者的偏差行为以及实施该行为后的不良认知、情绪与动机，减少腐败行为的发生。

3. 伦理考核的量化

量化是指为了避免评价的主观化而细化制定考核内容的一种计算方法，以保证伦理考核的执行与落地。在量化的过程中，有两种具体的方法可供使用。第一种方法就是 0—1 判断法，即首先将若干条不良行为伦理规范明确列出来，然后，将管理者的实际表现对照上述行为逐条打分，如果出现该行为，就扣 1 分；如果没有出现该行为，就不扣分。这种量化方式简单明了，易于操作。第二种方法为例外事件法，即对于一些重大的伦理事件，应该采用一票否决的形式，以突出这些事件的重要性。例如，公司可以设置一些底线行为，如有违反，可立刻解除劳动合同等。在具体的实施过程中，建议将这两种量化方法联合起来使用，0—1 判断法主要评价日常的伦理行为，例外事件法主要评价非常规的行为。通过这些量化方法，让管理者有更强的伦理底线，并且在实际执行过程中也便于操作。

4. 伦理考核的评价者

究竟由谁来考核管理者的伦理表现呢？我们建议从多个渠道确定评价者。首先，管理者的上级对他们的工作有较为清楚的了解，他们应该成为评价的主体；其次，与该管理者有较多接触的同事以及下属，也可来参与评价；最后，建议组织成立专门的伦理法律评审委员会，对管理者发生的非伦理行为进行准确的界定与评判。

此外，在伦理考核的权重设置上，如果权重过低，将达不到约束或奖励的应有强度，致使伦理考核的效果不佳；如果权重过高，又会影响到对主要业绩的评价。为此，建议管理者的伦理考核权重在 10%～20%区间为宜，其余的权重部分为业务方面的考核。在考核周期方面，以年度为评价周期是较为合适的。这是因为，有些事件的发生是在较长时间内才能完成，其结果有一定的滞后性，需要通过一段时间的调查来明确事件的性质，因此确定年度考核较为合适。

三、提升团队伦理氛围，降低团队政治氛围

团队氛围时刻都在影响管理者的决策与行为。与绩效管理不同，团队氛围对管理者的影响更为隐性。在上一章提到，团队伦理氛围有利于管理者树立正确的道德认知、情绪与动机，减少偏差行为向腐败行为的衍化过程；团队政治氛围则会加速上述衍化过程的发生。因此，组织应采取多种方法来提升团队伦理氛围并降低团队政治氛围。

1. 一把手应树立良好的榜样

要求组织与团队的一把手能树立较好的伦理榜样，减少政治行为的实施。正如社会学习理论指出的，在社会(组织)环境中人们会通过社会观察等方式来相互学习与模仿，并逐渐形成一种大家默认的、共同遵守的氛围。在组织中，一把手一般对下属有较强的影响力，并且其往往会对一群下属而非单个下属形成影响，这为塑造团队氛围提供了较好的环境。当一把手坚持伦理道德的标准并在日常工作中实施伦理决策时，他会给团队成员释放出重要的信号，即"我们是一个道德的团队，大家应该和我一样，尽可能在工作中遵守伦理标准而不从事组织政治活动"。此时，遵守该标准的成员能较好地融入该团队中，而破坏该标准的成员将不会被该团队容纳与接受。

2. 增强团队及其成员的反思能力

反思能力有助于团队及成员重新思考自身的认知、情绪与动机，尽快调整原有的做法与打破固定的行事规则和流程，对于不断优化团队伦理氛围以及减少团队政治氛围是有帮助的。组织或团队可通过以下策略来增强反思能力：(1)跨界交流。当人们长期处于同一个环境时，他们会陷入到重复的、固化的思维中去，难以打破过去的惯性思维。建议走出自己熟悉的领域，实施跨界交流，从其他领域中获得启发，进而增强自身的反思能力。(2)相互批评。内部的相互批评会为对方树立一面镜子，让每个人在批评中思考自己的不足之处，并提出优化的建议。(3)理论研讨与学习。理论研讨与学习将使团队成员系统地掌握相关的知识，对工作产生较强的内在动机，进而对现有工作方式进行不断反思与优化。通过增强团队及其成员的反思能力，能让他们面对较弱的伦理氛围或较强的政治氛围时主动思考自身以及团队的表现，为及时塑造与调整团队氛围提供内在的动力。

3. 与标杆组织与团队进行比较

由于氛围是团队成员所共享的一种感知，有时候难以从内部来改变团队氛围，此时，通过与外部优秀团队的比较，会有利于对团队成员带来较大的触动，促进团队伦理氛围的构建并弱化团队政治氛围。所谓标杆法（benchmarking），是指将自身与优秀的对象进行比较，找出差距，进而为本团队的建设找准方向。标杆法从最佳实践的角度出发，为团队建设提供系统的模仿与学习的对象。在具体实施的过程中，团队首先可以在多个行业或组织中寻找那些在伦理建设方面做得较好的团队。一般而言，对标对象不要求是最优的，而是比自己优秀的。其次，通过深度交流、实地考察等方式掌握标杆团队伦理建设的理念、方法与技巧，尤其要了解伦理建设中可能存在的误区与障碍。最后，结合本团队的实际情况，理清实施步骤，分阶段进行伦理氛围的建设。

四、建立组织对腐败衍化的监控与纠偏机制

为了减弱偏差行为向腐败行为的衍化过程，组织层面应建立该衍化的监控与纠偏机制，确保将不良行为遏制在萌芽的状态。

1. 内部揭露与监督

从监管的角度看，由于偏差行为与腐败行为都具有一定的隐蔽性，可能会导致从上至下的正式监督失效。此时，来自非正式的监督就显得尤为重要。其中，内部揭露被视为一种减少偏差行为的有效方式。作为一种角色外行为，揭露是指员工（现任职或已离职）向有影响力的组织或个人，报告其组织内实施的违背规则、违背道德和违背法律的行为（Near，Miceli，1985）。大量的研究发现，揭露行为有利于组织更好地进行伦理建设。但同时，揭露也可能会引发他人的反感甚至是报复，导致该类行为无法发生。

为此，组织应该通过制度鼓励内部揭露行为，构建畅通的揭露渠道并保护揭露者的安全。具体而言，可以构建内部报告的文化与氛围，并通过实施一定程度的物质奖励来推动该行为的发生。同时，可以通过设置线上（如设置公共电子邮箱）和线下（如设置投诉箱）相结合的方法，让揭露者可以较为方便地实施该行为。需要注意的是，组织应要求员工在揭露偏差行为时提供较为明确的证据，而非主观臆断和猜想，以避免陷入到恶意诽谤的困境中。揭露制度与揭露文化的存在，将会给偏差行为以及其向腐败的衍化发挥极大的威慑作用，将极大地削弱该类现象的发生。

2. 及时惩罚

及时惩罚强调了组织实施强制惩罚手段的时间性。正如在前文中所提到的"破窗效应"，及时惩罚将为抑制偏差行为向腐败的衍化争取了更大的主动性。在具体的实施策略方面，建议可从以下几个方面着手：（1）分级处理。为了在惩罚机制上进行快速响应，组织应该设置多级处理制度。对

于那些程度较轻的偏差行为，可授权由基层主管直接处理；对于情节较为严重的，则由组织高层团队来共同商议。设置明确的处理级别与权限，将有助于各级管理者对惩罚的快速响应。(2)设置时间点。无论是针对哪一类偏差或腐败行为，都应该设置相应的处理时间点，并要求各级领导者在该时间点之前完成明确的处罚流程。(3)实施奖惩。这是针对是否及时实施惩罚而制定的奖惩制度。如果领导者对其下属没有实施及时的惩罚，那么该领导者也将受到相应的处罚；反之，对于那些惩罚及时的领导者，由于其在遏制偏差行为向腐败行为的衍化过程中发挥了积极的作用，此时应给予其一定的奖励。

3. 人员与制度动态调整

无论是偏差行为，还是腐败行为，其实施主体都与"人"分不开。因此，一旦发现该行为，应该通过动态的人员调整来尽快减少该类行为以及衍化过程的发生。尤其是对于一些关键岗位人员，应该对管理者提出更高的道德要求，对于违背道德行为者应予以更为及时的调整。此外，组织也需保持制度的动态优化与调整，减少制度的漏洞并增强制度的有效性，让管理者在制度的强力约束下规范使用权力，进而减少偏差行为以及由该行为向腐败行为的衍化速度。人员与制度的动态调整也反映了组织的学习能力，使组织在更为复杂和更具有挑战性的环境下得以生存。随着现代技术的不断发展与推进，管理者实施偏差与腐败行为的手段也在不断变化，组织应在制度设计上做到与时俱进，从而实现对偏差与腐败行为的有效治理。

【参考文献】

[1]陈红艳. 破除潜规则，必须强化监督机制[J]. 法制与经济(中旬刊)，2013，21(11)：57-58.

[2]贺培育，黄海. "人情面子"下的权力寻租及其矫治[J]. 湖南师范大学

社会科学学报，2015，60(3)：57-76.

［3］金爱慧. 中国传统人际关系对政治腐败的影响及其对策研究［D］. 东北师范大学，2012.

［4］李伟民. 论人情——关于中国人社会交往的分析和探讨［J］. 中山大学学报(社会科学版)，1996，42(2)：57-64.

［5］潘清泉，韦慧民. 伦理型领导及其影响机制研究评介与启示［J］. 商业经济与管理，2014，34(2)：29-39.

［6］文鹏，任晓雅，陈诚. 目标设置对非伦理行为的影响：边界条件与理论基础［J］. 心理科学进展，2017，25(8)：1401-1410.

［7］文鹏，夏玲，陈诚. 责任型领导对员工揭发意愿与非伦理行为的影响［J］. 经济管理，2016，38(7)：82-93.

［8］李建华，牛磊. 行政检举：走向一种新的行政忠诚——对行政伦理学忠诚困境的解读［J］. 南昌大学学报(人文社会科学版)，2007，38(1)：70-73.

［9］王志乐. 打击商业腐败 净化营商环境——葛兰素史克(中国) 有限公司经济犯罪的启示［J］. 中国法律，2013，(4)：15-20，77-83.

［10］唐熙灵. "领导主导型"集体腐败防治研究 ［D］. 广西大学，2015.

［11］何增科. 中国转型期的腐败与反腐败问题研究：一种制度分析［J］. 马克思主义与现实，1999，10(5)：24-28.

［12］庄德水. 寻租网络、腐败中介及治理策略［J］. 中共天津市委党校学报，2014(6)：37-41.

［13］徐细雄，刘星. 放权改革、薪酬管制与企业高管腐败［J］. 管理世界，2013，29(3)：119-132.

［14］Barnard C I. *The Functions of the Executive*［M］. Cambridge，MA：Harvard University Press，1938.

［15］Blass T. *The man who shocked the world*：*The life and legacy of Stanley Milgram*［M］. New York：Basic Books，2004.

［16］Brown M E，Trevino L K，Harrison D A. Ethical leadership：A social learning perspective for construct development and testing [J]. *Organizational Behavior and Human Decision Processed*, 2005, 97 (2): 117-134.

[17] Lochner L, Moretti E. The effect of education on crime: Evidence from prison inmates, arrests, and self-reports[J]. *American Economic Review*, 2004, 94(1): 155-189.

[18] Mayer D M, Aquino K, Greenbaum R L, Kuenzi M. Who displays ethical leadership, and why does it matter? An examination of antecedents and consequences of ethical leadership[J]. *Academy of Management Journal*, 2012, 55(1): 151-171.

[19] Near J P, Miceli M P. Organizational dissidence: The case of whistle-blowing[J]. *Journal of Business Ethics*, 1985, 4(1): 1-16.

[20] Watts L L, Buckley M R. A dual-processing model of moral whistleblowing in organizations [J]. *Journal of Business Ethics*, 2017, 146 (3): 669-683.

附　　录

附录1　管理者访谈提纲

第一类：半结构化访谈：以开放式的、相对远端的问题为主

1. 请谈谈中国目前腐败与反腐的现状？

2. 组织管理者腐败的原因有哪些？这些原因如何排序？

3. 请分析一下腐败管理者的心理过程。

4. 对我国当前的反腐工作满意吗？为什么？

5. 对于今后的反腐工作有哪些建议？

6. 如果您是一家组织的负责人，您会采取哪些措施来反腐？

最后，双方进行自由的交流与探讨。

第二类：结构化访谈：以封闭式的、发生在身边的近端问题为主

1. 您从事的职业是什么？在该组织呆了多长时间？

2. 对这家组织目前满意吗？

3. 组织内有没有出现过腐败现象？

4. 如果有，能否描述一下该现象？

5. 发生该现象的主要原因是什么？

6. 组织是否已经采取了有效的措施来反腐败？

7. (询问管理者)您是否曾经面临过腐败诱惑？

8. 面对这种诱惑，您有怎样的心理历程？是如何处理的？

9. 能否分享 1~2 个其他类似组织成功反腐的案例？

10. 对于制度反腐，您有哪些看法？

附录 2　问卷调查

＊＊针对团队负责人的调查＊＊

尊敬的校友：

您好！非常感谢您在百忙之中填写本问卷！本问卷的选项没有对错之分，请根据您的实际情况予以填写。问卷的结果将以汇总的方式呈现，仅用于学术研究，请放心填写！

再次感谢您的配合！

在工作中，经常会有管理者实施一些违背社会或组织规范的偏差行为。这些行为程度较轻，并没有触犯法律。那么，是什么原因导致这些行为发生的？下面哪些描述符合您团队成员的真实情况，请对同意程度进行评价。

序号	题　项	非常不同意	比较不同意	一般	比较同意	非常同意
1	朋友/亲人/熟人求助，碍于面子					
2	曾经接受过对方的帮助，想回馈对方					
3	为了建立良好的人际关系，并扩大自己的影响力					
4	大家都在这么做					
5	行业/职业潜规则					
6	从众心理，跟随多数人					

序号	题　项	非常 不同意	比较 不同意	一般	比较 同意	非常 同意
7	上级管理者要求					
8	上级管理者给予压力					
9	害怕被上级管理者否定与排挤					
10	管理制度已过时					
11	违规不易被发现					
12	违规成本低					

请填写团队及您个人的基本信息，这些信息将仅仅用于统计分析。

1. 团队成立的时间：_____年

2. 当前团队的人数：_____人

3. 您的性别：女性　男性

4. 您的年龄：_____岁

5. 您的教育程度：大专以下；大专；本科；研究生及以上

6. 在该团队中工作的时间：_____年

＊＊针对团队成员的调查＊＊

尊敬的女士/先生：

您好！非常感谢您在百忙之中填写本问卷！本问卷的选项没有对错之分，请根据您的实际情况予以填写。问卷的结果将以汇总的方式呈现，仅用于学术研究，请放心填写！

再次感谢您的配合！

1. 请回忆您过去半年的工作经验，看看自身是否存在下述所描述的情景。请在对应的自我评价中打钩。

序号	题　项	非常不同意	比较不同意	一般	比较同意	非常同意
1	在工作中帮助他人后，接受他人给予的一点好处是常见的					
2	在管理决策时，我会在不违背法律的情况下适当考虑自己的利益诉求					
3	在法律允许的框架下，我会为了自己的利益而灵活使用手中的管理职权					

2. 请根据您的实际情况，对下面的题项予以评价。

序号	题　项	非常不同意	比较不同意	一般	比较同意	非常同意
1	为了保护您所关心的人，故意散布(对他/她有利的)谣言是可以接受的					
2	如果您仅仅是借用某件东西，在没有主人允许的情况下拿走也是可以接受的					
3	相比于那些极度伪装自己的人，适当地夸大您的学历也不为错					
4	当权威人物让其做某事时，实施者不应该因做这些错事而承担责任					
5	当身边的朋友都在做一些技术错误的事情时，一个人不应该因为也做该类事情而被责备					
6	把不是您的想法归功于自己，这没什么大不了的					

序号	题　项	非常 不同意	比较 不同意	一般	比较 同意	非常 同意
7	一些人必须被粗暴对待，因为他们本身就缺乏被伤害的感觉					
8	被欺负的人往往是罪有应得					

3. 请根据您的实际情况，对下面的题项予以评价。

序号	题　项	非常 不同意	比较 不同意	一般	比较 同意	非常 同意
1	我感到精神疲倦					
2	目前我需要付出很大的努力才能集中注意力来干某一件事情					
3	我需要一些愉悦的事情，来让我感觉更好					
4	我充满了动力					
5	假如我被安排了一项较难的任务，我很容易就会放弃					

请填写您个人的基本信息，这些信息将仅仅用于统计分析。

1. 您的性别：女性　男性

2. 您的年龄：_____岁

3. 您的教育程度：大专以下；大专；本科；研究生及以上

4. 在团队中工作的时间：_____年

后　记

　　在过去近十年，我都将研究领域聚焦于组织中的不道德(伦理)行为与腐败行为，时常会因为某个人或某个团队实施类似行为而气愤不已，又会冷静思索为什么此类行为却屡禁不止。不可否认，人类具有贪婪的一面，并且一些人的道德与法律意识十分淡薄，这都会导致腐败时有发生。但从政府、社会与组织的角度看，我们究竟该构建怎样的制度、氛围与环境来减少甚至是杜绝腐败的发生呢？

　　正是基于上述思考，我提出了"伦理诱惑对组织管理者腐败影响机制及治理策略"这个研究构想，并在国家社会科学基金的资助下完成了本书的撰写。实际上，由于腐败研究涉及多个学科，且研究历史较长，当前该领域的研究很难有新意或有创新之处。本书的灵感首先来源于"伦理诱惑"这个词语。它最早出自西方研究的文献中，原本指监督方(如会计师事务所)与受托方(企业)之间可能存在关联交易。为了获得客户的认可以及下一次合作的机会，会计师事务所会下意识地帮助客户企业做假账。该概念正好表达了我所关注的核心问题：除了个体因素之外，还有哪些诱因能导致管理者腐败呢？并且，在腐败的过程中，管理者可能因为认知的改变而无意识地实施了该行为。纵观腐败的理论研究，还较少有人对该话题进行深入探讨。因此，本书以伦理诱惑为发起点，采用组织管理的研究范式，探讨了伦理诱惑是如何逐步导致管理者实施腐败的。

　　在撰写本书的过程中，我除了关注公共组织(如政府)的腐败现象之外，还对私营企业反腐产生了浓厚的兴趣。这可能也与本人所从事的专业——工商管理，以及自己曾经有过企业工作经历密切相关吧！中国经济飞速发展离不开企业的贡献，但据我所知，企业（尤其是中小型民营企业）在管理规范上仍然还有很长的路要走。一些企业老板以及管理者为了能在市场中存活下去，往往不择手段，频繁触碰道德和法律的底线。这就会导致企业内的员工学习效仿，进而利用企业平台赋予的权力来实施腐败行为，例如收受供应商好处费、与渠道商共谋、财务造假等。这些现象的发生不仅会对微观企业组织的健康发展造成伤害，而且对整个市场经济的良性运作也会带来负面影响。比较遗憾的是，学者们过去对企业反腐关注得较少。希望通过本书的撰写，能进一步提升企业反腐的意愿，掌握反腐的常用方法，为全面提升我国企业在国际上的核心竞争力提供一些帮助。

在本书撰写之际，我国的反腐工作已经取得了卓越的成绩和压倒性的胜利，这为各类微观组织以及管理者的健康发展均提供了良好的宏观环境。但我们也应该充分地认识到，我国的腐败形势依然严峻，反腐工作仍然任重而道远。正如本书以及诸多学者所呼吁的，未来应该强调制度反腐，各级组织应该通过不断优化与调整制度，削弱伦理诱惑，构建健康的组织文化与良性的人际关系，并从保护管理者的角度出发来减少并消除腐败。此外，本书还提出了一些未来值得关注的研究方向，例如：网络反腐的有效性、家族式腐败的形成与治理、微腐败的治理以及集体腐败治理等。特别是随着反腐败的不断深入，腐败形式可能变得更加隐蔽化，如何更好地识别与治理隐性腐败，也是未来值得深入探讨的话题。

在撰写本书的过程中，我得到了很多人的支持与帮助，在此表示衷心的感谢！我的学术型研究生何雨、曹雨阳、张若颖等都为本书的撰写提供了帮助。在该书稿即将完成时，我所在的城市——武汉仍处于水深火热之中，一场突如其来的新冠肺炎疫情打乱了每个人的正常生活。尽管当前全国疫情仍未结束，但通过全国人民的共同努力，胜利的曙光就在眼前，而这正与我国的腐败治理是相似的！

文鹏

2020 年 3 月 16 日

湖北　武汉